L'ACADÉMIE DE GUERRE

DE

BERLIN

PARIS. — IMPRIMERIE F. DEBONS ET Cᵒ, 16, RUE DU CROISSANT

L'ACADÉMIE DE GUERRE

DE

BERLIN

L'ENSEIGNEMENT MILITAIRE SUPÉRIEUR EN EUROPE.

L'ÉCOLE SUPÉRIEURE DE GUERRE DE FRANCE.

RÈGLEMENTS ET PROGRAMME DES COURS D'APRÈS LES DOCUMENTS OFFICIELS

1876-1877

> Donner le commandement d'une place forte à un gouverneur qui ait l'âme moins dure que la pierre qu'il doit défendre, ou celui d'une armée à un général incapable, c'est pour un prince ou un ministre commettre le plus grand des crimes, celui de lèse-nation, puisque de la défense de cette place ou de la perte de la bataille peut dépendre le salut du pays tout entier.
>
> *(Testament de Richelieu.)*

> Il y a une science de la guerre, comme il y a une science de la paix. La science sociale en est la synthèse grandiose.
>
> *(Essai de Traité de la Science de la Guerre, par* Th. Jung.)

PARIS

GEORGES DECAUX, LIBRAIRE-ÉDITEUR

7, RUE DU CROISSANT, 7

—

1877

Tous droits réservés

AVANT - PROPOS

L'armée française est à la veille de voir
modifier profondément les bases de son enseignement ainsi que le mode de recrutement de
son personnel de commandement. Les grandes
lois sur le service obligatoire et sur l'organisation régionale de nos forces nationales n'ont
été, en effet, que les premières phases de
changements corollaires dans les autres parties de ce mécanisme militaire, dont ils sont
appelés à assurer le parfait agencement. En
présence de telles masses à conduire, de tant
de questions multiples à résoudre, de tant
d'intérêts à examiner et à coordonner, la nécessité de connaissances préparatoires suffisantes s'imposait de plus en plus. A tous les
degrés de la société française s'éveillait comme
un ardent désir d'apprendre, et, dans ce

mouvement patriotique, pour lequel les municipalités, le ministère de l'instruction publique et les Chambres luttent d'initiative, l'armée n'avait pas le droit de rester stationnaire. Des commissions spéciales étaient donc instituées par le ministre de la guerre. L'ancienne Assemblée faisait également élaborer les questions, se rattachant au perfectionnement de l'instruction militaire et nationale. Partout enfin, dans les revues, dans les journaux, surgissaient des travaux ou des articles, incitant à une réforme générale de l'enseignement.

C'est sous l'influence de ces idées, qu'au mois de mai 1876, on installait aux Invalides, à Paris, une École supérieure de guerre et qu'on supprimait de fait l'école, dite d'application d'état-major, destinée à disparaître définitivement avec l'année 1877.

A Saint-Cyr, à l'école d'application du génie et de l'artillerie de Fontainebleau, des changements importants étaient également apportés aux méthodes d'enseignement. Au camp d'Avord, on établissait provisoirement une sorte de succursale de l'École militaire de Saint-Cyr, pour mettre les sous-officiers déjà proposés pour officiers, en mesure de faire face aux nécessités de leurs futures fonctions.

De leur côté, les chambres sont saisies d'un projet de loi, relatif à la réorganisation de l'état-major et du service qui s'y rattache. Elles le sont encore d'une loi sur l'administration de l'armée, déjà votée par le Sénat. Elles le seront nécessairement dans quelques jours d'une troisième sur l'avancement.

Mais, tous ces efforts, tous ces essais ont quelque chose de transitoire, d'inachevé, qui frappe les plus clairvoyants. On ressent comme un besoin de liaison et d'unité dans ces rouages si nombreux et si compliqués. C'est pourquoi, en vue de mieux préparer la nation à l'exécution de ses devoirs civils et militaires, il nous a paru utile et intéressant de faciliter cette sorte d'enquête nationale, par la reproduction des instructions officielles, relatives à l'enseignement militaire supérieur appliqué en Allemagne et plus particulièrement à l'Académie militaire de Berlin.

Enfin, pour permettre une comparaison fructueuse, nous avons fait suivre ce travail d'un résumé des principales organisations parallèles, actuellement en vigueur en Europe.

Paris, le 11 janvier 1877.

L'ACADÉMIE DE GUERRE DE BERLIN

SON ORIGINE, SES TRANSFORMATIONS

L'ACADÉMIE DE GUERRE DE BERLIN

SON ORIGINE, SES TRANSFORMATIONS

Travailler et créer en vue de l'avenir, voir au delà de l'intérêt du présent, savoir apprécier d'ensemble les différents éléments d'une société, les coordonner et les agencer, en vue d'une action ultérieure rationnelle, ce sont là œuvres de génie, qui font sortir de pair les nations où elles surgissent. Or, pour satisfaire à ce développement successif de l'humanité sous toutes ses faces, sous toutes ses formes, ce n'est pas à une aveugle imitation des efforts du voisin ou à une pénible correction des défectuosités existantes qu'il faut se borner, si l'on veut faire œuvre durable. Les Sociétés sont comme les enfants ; elles progressent et grandissent. C'est donc un vêtement assez ample qu'il faut savoir leur adapter, pour qu'elles puissent s'y mouvoir à leur aise pendant leur période de croissance.

C'est, pour avoir su comprendre ces grandes nécessités d'intérêt général, que les Richelieu, les Cromwell, les Pierre le Grand, les Washington, la Convention et les Bismarck ont su acquérir de tels droits à l'admiration du monde.

Au point de vue militaire, ces titres furent, particulièrement pour la Prusse, ceux de Frédéric le Grand, de Scharnhorst, de Stein, de de Roon et de M. de Moltke. Féconde continuité dont nous ne retrouvons en France qu'une chaîne trop tôt interrompue, depuis Richelieu, Michel Le Tellier, Vauban, Saint-Germain, jusqu'à la Convention et Carnot!

Ce fut en effet le grand Frédéric qui, le premier, prescrivit l'inauguration à Berlin d'une Académie de guerre, sous le nom d'*Académie des nobles*. Plus et mieux que personne, des lettres des plus curieuses en font foi, il s'était trouvé à même de constater les faiblesses de plus d'une sorte de ces hommes appelés au commandement de ses troupes et les conséquences terribles que de pareilles défaillances pouvaient avoir pour cette royauté naissante.

Le 1er mars 1765, s'ouvrait donc ladite Académie. Le 9 du même mois, le roi la visitait. Quinze cadets, choisis d'une manière spéciale, y étaient admis. Le général-major von Buddenbrock, l'ancien chef du corps des cadets, en était nommé directeur[1].

Cinq gouverneurs, cinq professeurs, et un maî-

____

1. Le service d'état-major, par le général Bronsart von Schellendorf, chef d'état-major du corps de la garde.

tre de langue française devaient composer le personnel. Une dotation annuelle de 21,000 thalers demeurait affectée aux dépenses de ladite école.

Les instructions sur les modes d'éducation et de discipline étaient de la main même du roi. Telle fut cette première création qui prit le nom d'*Académie militaire*, sous le règne de Frédéric-Guillaume II et celui d'*Académie militaire des nobles*, en 1804, sous Frédéric-Guillaume III. Elle recevait alors quinze boursiers (élèves royaux) et trente pensionnaires. Elle avait pour personnel de direction et d'instruction, le général-lieutenant von Rückel, en qualité de général inspecteur, le colonel von Kleist comme directeur, plus, huit professeurs, cinq gouverneurs (dont trois capitaines) et quatorze maîtres civils et militaires.

Dispersée pendant la tourmente de 1806, elle reparaissait, le 3 mai 1810, sous le nom d'*École générale de la guerre*, ou d'*Académie militaire générale*, pour reprendre son dernier titre, celui d'*Académie de guerre*, le 1er octobre 1859. Cette disposition nouvelle correspondait au remplacement récent des écoles de division par des écoles de guerre (21 juillet 1859), ainsi qu'à une mesure prise alors par le ministre, M. le général von Bonin, pour donner un caractère d'uniformité à l'enseignement, en le plaçant sous l'autorité de l'*Inspection générale des établissements militaires d'instruction et d'éducation.*

A la suite des événements de la guerre de 1866, qui avaient prouvé l'excellence des résultats obtenus par cette méthode d'instruction, quelques modifications furent apportées à l'organisation de l'Académie. Le 22 mars 1868, parut en effet l'*Instruction* pour l'étendue et la méthode d'enseignement à introduire dans l'Académie de guerre. Cette instruction, qui est encore en vigueur aujourd'hui, avait reçu l'approbation de l'inspecteur général des établissements militaires d'instruction et d'éducation.

Mais la guerre de 1870 et les conséquences multiples qui s'ensuivirent, sous le rapport de la constitution de l'armée, amenèrent de nouveaux changements dans quelques-uns des détails d'application. Le 21 novembre 1872, en vertu d'un ordre de cabinet, l'Académie de guerre cessa de dépendre de l'Inspection générale des établissements militaires d'instruction et d'éducation. La direction supérieure en fut confiée à M. le feld-maréchal von Moltke. « Cette mesure était inspirée par les idées admises, lors de la réorganisation de 1810. Elle devait assurer à ladite Académie, entre autres avantages, celui d'éveiller la sollicitude immédiate du chef d'état-major général, qui devait ainsi chercher à placer en qualité de professeurs, les officiers les plus éminents du grand état-major. »

D'autre part, des changements, plus importants encore, étaient apportés, en raison de l'expérience acquise, aux dispositions relatives aux simples écoles de guerre. Le nombre de ces dernières était augmenté, et, le 27 février 1873, le ministre de la guerre, M. le général von Kameke, faisait paraître l'instruction qu'on applique actuellement.

Le 1er octobre 1875 enfin, en raison de l'accroissement considérable de l'effectif de l'armée fédérale, le nombre des élèves admis à l'Académie de guerre dépassait le chiffre de 300.

C'est donc au moment où se font les cours, qui ont été ouverts, le 1er octobre 1876, pour être clos le 1er juillet 1877, que nous examinerons les dispositions diverses adoptées à l'intérieur de cet établissement d'ordre supérieur. Nous croyons, toutefois, que, pour mieux faire ressortir la graduation de l'enseignement militaire allemand, il importe de commencer par l'exposition des mesures prescrites en 1859 et en 1873 pour les écoles de guerre allemandes (qui correspondent aux écoles de Saint-Cyr et du camp d'Avord, de France).

LES ÉCOLES DE GUERRE EN 1859

J'approuve les dispositions qui me sont soumises dans le présent projet, relativement à l'organisation des écoles de guerre, appelées à remplacer les écoles actuelles de division, pour l'enseignement des sciences militaires à donner aux aspirants-officiers. Je vous charge de prendre les mesures nécessaires pour assurer l'exécution de ces dispositions.

Berlin, le 21 juillet 1859.

Au nom de Sa Majesté le Roi :

(Signé) GUILLAUME, *prince de Prusse, régent.*

Contre-signé : VON BONIN.

Au ministère de la guerre

DISPOSITIONS

RELATIVES

A L'ORGANISATION DES ÉCOLES DE GUERRE

§ 1.

Des écoles de guerre, à raison d'une école pour trois corps d'armée, sont fondées pour permettre l'enseignement des sciences militaires aux aspirants-officiers de l'infanterie et de la cavalerie.

§ 2.

Celle qui concerne les 1er, 5e et 6e corps sera installée à Neisse. La seconde sera établie à Potsdam, pour la garde, les 2e et 3e corps, et la troisième à Erfurt, pour les 4e, 7e et 8e corps.

§ 3.

Ces écoles de guerre sont placées sous la direc_

tion supérieure de l'Inspection générale des établissements militaires d'enseignement. Cette Inspection générale reste chargée de faire au souverain
les propositions pour les fonctions de directeur et
de professeur, ainsi que pour les emplois d'offi
cier attaché.

§ 4.

Les officiers employés ou attachés aux écoles de
guerre doivent, ainsi que les élèves, être considérés comme détachés de leurs corps. Pour les
affaires de personnel et de discipline, ils relèvent
d'abord du directeur de l'école, revêtu du pouvoir
d'un chef de corps, et, en dernier lieu, de l'Inspection générale des établissements d'enseignement,
Pour les affaires judiciaires, tout le personnel
des écoles de guerre relève du tribunal de garnison, conformément au paragraphe 32, chap. 3 du
L. II du Code pénal.
Les officiers de chaque école constituent, sous
la présidence du directeur, un tribunal d'honneur
permanent et spécial, pour toutes les affaires qui
sont du ressort des tribunaux d'honneur. Pour
chacun des cas, les conclusions sont soumises à

l'Inspection générale des établissements d'enseignement, qui prononce.

Avis personnel et notes sont adressés par le directeur à l'Inspection générale.

§ 5.

Pendant la durée de leurs fonctions, directeur et officiers-professeurs cessent de compter à leurs corps. Ils touchent leurs appointements sur le budget des écoles et constituent un corps d'officiers particulier.

Le séjour à l'École ne peut, en règle générale, excéder cinq ans. Il équivaut, pour l'officier qui l'a fait, à une constatation publique d'aptitude théorique et pratique. Par suite de son retour au service actif, on se trouve donc avoir atteint ce double but, de fournir constamment aux écoles de nouveaux éléments d'énergie militaire et de reverser dans les corps, des officiers d'une instruction éprouvée.

Des services distingués rendus par un officier dans une école de guerre auront une très-grande influence sur tout le reste de sa carrière.

§ 6.

Le personnel de chaque école de guerre se compose d'un officier supérieur directeur et de huit capitaines (provisoirement six, jusqu'à ce que le nombre réglementaire soit atteint). Ces capitaines sont chargés des cours de science militaire suivants :

1° Tactique ;

2° Étude des armes de guerre ;

3° Fortification ;

4° Étude du terrain, levé des plans et dessins.

Le professeur de tactique est également chargé du cours sur les règlements militaires. Enfin, un cours de style militaire sera confié au professeur qu'il paraîtra le plus convenable de désigner pour cet objet.

§ 7.

Si la direction d'une école de guerre est confiée à un capitaine qui n'a pas encore été promu officier supérieur, ce dernier, jusqu'à l'époque de sa promotion, touche, sur les fonds affectés au traitement de l'officier supérieur manquant, les appointements de capitaine de 1ʳᵉ classe, avec un supplément annuel de 300 thalers.

Si des lieutenants, au lieu de capitaines, sont nommés professeurs, ils touchent, jusqu'au moment de leur promotion à ce dernier grade et sur les fonds affectés au traitement du capitaine manquant, les appointements réglementaires de lieutenant, avec un supplément annuel de 200 thalers.

§ 8.

En dehors du directeur et des professeurs titulaires, six lieutenants sont attachés à chaque école de guerre, avec le titre d'officiers d'inspection. Ils ont pour mission spéciale d'exercer une surveillance constante sur les élèves et d'aider les professeurs, notamment en ce qui concerne la pratique des cours.

Ils sont également chargés de l'enseignement de l'équitation, de l'escrime, de la gymnastique et des exercices militaires. Il doit se trouver parmi eux, au moins deux officiers de cavalerie et, autant que possible, un officier ayant suivi les cours de l'école centrale de gymnastique.

Chacun des trois corps d'armée qui concourent

à la formation de l'école, doit fournir deux de ces officiers. De plus, un officier est attaché au Directeur, en qualité de chef de bureau, comptable et bibliothécaire. Il est fourni alternativement par chacun des trois corps d'armée. Chacun de ces officiers doit être relevé de ses fonctions dans un temps déterminé, et, en tout cas, au moment de sa promotion au grade de capitaine.

Les officiers d'inspection touchent sur les fonds de l'école un supplément de solde annuel de 100 thalers. Le chef de bureau n'a droit qu'à un supplément d'adjudant (72 thalers).

§ 9.

Tout aspirant-officier d'infanterie ou de cavalerie est dans l'obligation de suivre les cours d'une école de guerre, avant d'être admis à subir l'examen d'officier. En plus des *porte-épée-fœhnrichs*, ceux des sous-officiers et soldats des deux armes qui ont subi avec succès l'examen de porte-épée, peuvent être admis.

Par contre, en vertu du § 16 du décret du 3-4 février 1844 et de la décision ministérielle du 7 novembre 1849, peuvent être dispensés de passer par une école de guerre, comme faveur spéciale et sur leur demande, les jeunes gens qui, après avoir obtenu le certificat d'admission à l'Université, ont suivi entièrement ou tout au moins en grande partie les cours d'une Université prussienne, et qui peuvent justifier de ces études, ainsi que de leur bonne conduite, par des pièces authentiques.

§ 10.

Nul aspirant, ne peut être admis à l'école de guerre qu'après être resté cinq à six mois au moins sous les drapeaux et y avoir acquis un certificat d'aptitude complète au service militaire.

§ 11.

Les corps de troupes font connaître à la direction de l'école les élèves qu'ils ont à lui envoyer. L'annonce de l'envoi d'aspirants étrangers se fait au contraire par les soins de l'inspection générale des établissements d'enseignement.

§ 12.

La durée des cours est de dix mois. Ils commencent du 1ᵉʳ octobre pour finir le 31 juillet de l'année suivante. Ils se divisent en deux parties. La première, de huit mois et demi, va du 1ᵉʳ octobre au 15 juin. Elle est consacrée à l'instruction théorique et comprend, non-seulement les leçons, avec les travaux et applications qui s'y rattachent, mais encore les exercices militaires et gymnastiques. La deuxième période, de un mois et demi, est consacrée à un enseignement pratique qui fait immédiatement suite au premier. Il a pour but d'apprendre aux élèves à tirer pratiquement parti de leurs connaissances scientifiques.

§ 13.

Les élèves sont groupés par classes. En principe, plus de trente élèves ne peuvent être réunis dans une seule et même classe. Chacune de celles-ci doit, autant que possible, être formée avec des jeunes gens possédant le même degré d'instruction, afin que les progrès des plus capables ne soient pas retardés par ceux qui le sont moins.

§ 14.

Un cahier de notes est affecté à chacun des

élèves. Il est déposé aux archives de la direction.
A la fin de chaque trimestre, les professeurs y
inscrivent leurs appréciations. Puis, à la clôture
des cours, tous les professeurs, réunis en séance
sous la présidence du directeur, déterminent pour
chaque élève les résultats de toutes ses notes partielles, et rédigent en conséquence un certificat
déclarant s'il est capable, ou non, de subir l'examen d'officier. C'est seulement en cas d'un avis
favorable que l'admission à cet examen peut être
accordée.

§ 15.

Celui qui, après avoir suivi les cours d'une École
de guerre, n'a pas été reconnu susceptible de se
présenter à l'examen d'officier, peut, si quelque
circonstance plaide en sa faveur, et, s'il est bien
noté pour la conduite, être admis à suivre les
cours une deuxième et dernière fois.

§ 16.

Lorsque les élèves font preuve d'un caractère
indiscipliné, mènent une conduite irrégulière ou

persistent à négliger l'accomplissement de leurs devoirs, et lorsque tous les moyens de répression ont été vainement employés à leur égard, ils sont renvoyés sans délai de l'établissement.

§ 17.

Autant que l'étendue des locaux le permet, les élèves sont casernés et les officiers d'inspection pourvus de chambres de service dans le bâtiment de l'École, pour la facilité de la surveillance qui leur incombe.

Il existe également une table commune, à laquelle doivent prendre part les officiers d'inspection.

§ 18.

Au commencement d'août, les cours une fois terminés, les officiers détachés par les troupes aux Écoles, ainsi que tous les élèves, rejoignent leurs corps respectifs pour prendre part aux manœuvres d'automne. Professeurs et directeurs sont également affectés, dans le même but, par le ministre

de la guerre à différents corps pour y faire le
service.

§ 19.

Les programmes des cours sont, en général,
fixés d'après les conditions exigées pour l'examen
d'officier; mais on doit, autant que le permettent
la force des professeurs et la durée des cours,
s'efforcer de donner à l'enseignement un tour pratique. On évitera ainsi les notions superficielles
que la mémoire seule retient, et, en faisant résoudre aux élèves, soit oralement, soit par écrit, de
nombreux problèmes, on leur inculquera les principes qui doivent les guider dans l'application de
ce qu'ils ont appris.

§ 20.

Les leçons de tactique doivent principalement
porter sur :

1° Comme introduction, les notions générales
de la guerre, le matériel de guerre, le but que la
guerre se propose, les moyens qu'elle met en

œuvre et l'ensemble de l'organisation des forces militaires.

2° Les questions spéciales suivantes relatives à la tactique :

Disposition des troupes; manœuvres et combat; formation en ligne, en colonne et en ordre dispersé; combats à rangs serrés et en tirailleurs; combats éloignés et rapprochés; manière de combattre des différentes armes.

3° Les formations tactiques de l'infanterie, de la cavalerie et de l'artillerie, d'après les règlements prussiens.

4° L'influence du terrain sur la marche et les résultats du combat, et, par suite, sur l'emploi des troupes. La classification des terrains; la reconnaissance des détails du terrain et des objets qui s'y rencontrent.

5° Les marches, leur préparation ; le logement, le cantonnement, les campements; les approvisionnements et les transports par chemin de fer.

6° Service de sûreté et de renseignements; manière de se garder pendant la marche ; service des avant-postes; patrouilles indépendantes et reconnaissances.

7° Questions générales relatives à l'étude du combat; offensive et défensive ; le terrain ; les dispositions pour le combat, la marche des combats en général, enfin un résumé du développement historique de la tactique.

8° Conditions de combat des différentes armes : infanterie de ligne et légère, emploi des colonnes de compagnie, des chasseurs, de l'infanterie contre la cavalerie et contre l'artillerie, de la cavalerie contre l'infanterie et l'artillerie, de l'artillerie de campagne, ainsi que des notions sur les relations existant entre toutes les armes et sur l'ordre de bataille.

9° Attaque et défense des villages.

10° Petite guerre.

§ 21.

Le cours sur l'étude des armes de guerre comprend en général :

1° Comme introduction, des notions sur la classification des armes, d'après leur objet et leur sphère d'action, ainsi que sur l'étendue de l'étude des armes de guerre, avec un aperçu aussi bref que possible de leur développement historique.

2° L'étude de la poudre à canon, les matières premières, la fabrication, la combustion, la puissance absolue et relative, les épreuves, les conditions auxquelles une bonne poudre doit satisfaire;

les causes d'avarie, les signes auxquels on reconnaît une poudre avariée ; les précautions à prendre dans le maniement de la poudre, la conservation et le transport, les substances explosives.

3° Les bouches à feu et le matériel roulant de l'armée prussienne. Leurs classifications par espèces de pièces, calibres et le genre de la guerre à laquelle elles sont destinées, les matières premières, leur construction, leur conservation et leur durée.

4° Les munitions.

5° Le tir des canons et des mortiers, l'étude des mouvements des projectiles dans l'air et dans le vide ; les règles pratiques de tir, les différentes espèces de tir, leur effet et leur emploi dans les diverses circonstances de la guerre.

6° Le service, le maniement et la conduite des bouches à feu.

7° Les armes à feu portatives et leurs munitions au point de vue de leur construction, de leur conservation et de leur emploi.

8° Les armes blanches.

§ 22.

Le cours de fortification comprend :

1° Comme introduction, la définition et l'objet des fortifications, ainsi que leur classification.

2° La fortification de campagne, le simple ouvrage en terre, les formes usuelles, les fossés et les défenses accessoires, les constructions en bois et les galeries souterraines, les caponnières, les réduits, le calcul de la garnison d'un ouvrage et l'emplacement qui lui est nécessaire.

3° La construction d'un ouvrage de campagne, les besoins en ouvriers, outils, matériaux et temps.

4° A propos de l'emploi de la fortification de campagne, la mise en état de défense des ouvrages que l'on rencontre, l'objet des constructions facilitant cette défense, la mise en état de défense des hauteurs et des défilés, les têtes de pont, la notion d'une mise en état de défense d'une position, les camps retranchés et la défense des côtes.

5° L'attaque et la défense d'un ouvrage de campagne.

6° Les communications en campagne, leur établissement et leur destruction.

7° La castramétation.

8° La fortification permanente; un rapide aperçu historique sur son développement, ses éléments d'après ses développements les plus récents ; la fortification moderne, d'après l'indication des traits essentiels, des systèmes les plus remarquables et les principes de la, nouvelle fortification prussienne.

9° La fortification provisoire et ses différences avec la fortification permanente et la fortification de campagne.

10° L'attaque et la défense des places avec une étude particulière de l'attaque régulière de Vauban ; le rôle qui incombe aux troupes des différentes armes et l'appui mutuel qu'elles doivent se prêter.

§ 23.

Le cours d'étude du terrain, du dessin et du levé des plans, comprend :

1° Les éléments de l'étude du terrain ; les notions générales sur la formation de la surface du sol et les règles qui s'en déduisent pour apprécier un terrain ; l'importance, au point de vue militaire, des différentes formes du terrain et des diverses parties qui le constituent.

2° La théorie du levé ; la connaissance des instruments en usage pour la mesure des angles et des longueurs ; les opérations élémentaires du levé; la mesure des hauteurs; le levé des montagnes et les croquis à vue.

3° La théorie du dessin ; l'exposition des divers objets qu'on a en vue dans le dessin des plans; la comparaison et la réduction des plans ; l'établissement des échelles; les éléments de projection ; la planimétrie; le nivellement; le profil; la hachure ; les courbes et les principes de la représentation des montagnes d'après le diapason de Lehmann et de Müffling.

§ 24.

Le cours sur les règlements militaires doit s'occuper des questions suivantes :

1° L'organisation de l'armée prussienne; la composition et la formation des effectifs de guerre en général et des diverses fractions constituées.

2° Le recrutement, les dispositions réglant l'accomplissement du service obligatoire aux différentes époques de la vie et le fonctionnement de la réserve de complément (Ersatz-geschaft).

3° La formation de guerre d'un corps d'armée et les principes de la mobilisation.

4° La législation militaire ; la connaissance des articles de guerre, du code pénal militaire, des règlements disciplinaires, des règlements relatifs aux tribunaux d'honneur, des pénalités et de la conduite d'une instruction et de la procédure.

5° Le service intérieur de la compagnie ou de l'escadron, le service des officiers en dehors de la compagnie, dans le bataillon et dans le régiment.

6° Le service de place.

§ 25.

Le cours de style militaire a pour but de faire connaître :

La nature et les qualités particulières à ce genre de style, les formules réglementaires et les dispositions pour les papiers de service de toute espèce ; la manière de rédiger les rapports militaires, dépêches, télégrammes, informations, mémoires, demandes, procès-verbaux, relations d'événements et instructions ; les lettres particulières qu'un officier subalterne peut se trouver appelé à écrire, enfin les états, les situations et les pièces comptables qu'un officier subalterne, dans un détachement, peut avoir à fournir.

§ 26.

Dans toutes les leçons on doit familiariser les élèves avec la partie de la littérature militaire qui se rattache à chacune d'elles. C'est pourquoi, il n'y a pas lieu de créer un cours spécial de littérature militaire.

§ 27.

Dans le cours pratique on exécutera les exercices pratiques suivants :

1° L'appréciation prompte et judicieuse des différentes formes du terrain, dans les limites correspondant à des effectifs de troupes proportionnés à la force des élèves.

2° L'application des dispositions, prescrites par la théorie, aux manœuvres de service en campagne et de champ d'exercice.

3° L'exécution, en terrain varié, de petites opérations tactiques.

4° Les dispositions à prendre sur un terrain donné, avec des détachements de toutes armes, en vue, soit d'une petite opération de guerre, soit d'une occupation de diverses localités et de la défense de ces mêmes localités, d'après une hypothèse donnée.

§ 28.

Pour les exercices pratiques, relatifs à l'étude des armes de guerre, on fera :

1° La visite des champs de tir des troupes ;

2° La confection des cartouches ;

3° Le tir à la cible avec les armes portatives ;

4° La visite du polygone d'artillerie ;

5° La visite des dépôts et des établissements militaires techniques qui se trouvent à proximité.

§ 29.

Les exercices pratiques de fortification à faire, sont :

1° La visite des travaux de sape, de mine, de retranchements et de pontage.

2° Le piquetage, tracé et profil d'un ouvrage de campagne, applicable à un terrain donné.

3° La visite des forteresses situées dans le voisinage de l'école.

§ 30.

Les exercices de levé des plans comprennent :

1° Les opérations élémentaires avec la planchette, la mise en station, l'orientation, les recoupements ;

2° Le levé d'une ferme ou d'un village ;

3° Le levé des formes d'un terrain au moyen de courbes horizontales ; la mesure des angles et le calcul des hauteurs ;

4° Le nivellement au moyen d'un niveau d'eau ;

5° Le levé d'une petite portion de terrain, principalement à l'aide de la planchette et de la boussole ; enfin, pour les élèves plus exercés, l'exercice des levés à vue.

§ 31.

Pendant leur séjour à l'école de guerre, les *porte-épée fœnhrichs* et les sous-officiers sont répartis par armes et fractions militairement constituées.

L'instruction militaire pratique qu'ils doivent recevoir porte :

1° Sur les exercices de détail avec armes ou sans

armes, d'après la progression prescrite par les règlements.

2° Sur les formations de toute nature pour les manœuvres et le combat;

3° Sur la manière d'instruire;

4° Sur les manœuvres au cordeau.

Pour les cavaliers, les exercices à pied se réduisent à ce qu'on enseigne aux recrues comme préparation à l'instruction à cheval, ce qui constitue la première partie du règlement d'exercices.

On n'exécutera de la deuxième partie que les mouvements dont le nombre des élèves permettra la réalisation.

Pour les élèves d'infanterie, on prendra pour programme de leur instruction les première et deuxième parties du règlement d'exercices, en s'attachant particulièrement aux exercices de combat en ordre dispersé.

§ 32.

Dans l'enseignement pratique d'équitation, on doit surtout s'efforcer de donner de l'assiette et de la hardiesse aux élèves d'infanterie et leur apprendre la conduite et l'usage des aides. Pour les cavaliers, on devra, tout en ménageant autant que possible les chevaux, leur faire donner des leçons de maniement d'armes.

Berlin, le 21 juillet 1859.

Le ministre de la guerre,

Von Bonin.

Ce règlement fut appliqué jusqu'en 1873. A cette époque, les changements survenus à la suite des événements de la guerre de 1870-1871 nécessitèrent des modifications corollaires dans l'agencement intérieur des écoles militaires.

Ces modifications se traduisirent par un nouveau programme qui parut, revêtu de l'approbation impériale et contre-signé par le ministre de la guerre, le général von Kameke, le 27 février 1873.

Ce programme était destiné à remplacer celui du 21 juillet 1859.

Nous le donnons ici *in extenso*.

[illegible]

LES ÉCOLES DE GUERRE EN 1873

§ 1.

But des écoles de guerre.

Les écoles de guerre sont destinées au perfectionnement scientifique militaire des aspirants
officiers de toutes armes. Des établissements de
cette nature sont présentement installés à Anclam,
Potsdam, Erfurt, Neisse, Engers, Hanovre, Cassel
et Metz, chacune sous l'autorité d'un officier
supérieur en qualité de directeur[1].

§ 2.

Direction et autorité administrative.

1° Les écoles de guerre sont placées sous la direction supérieure unique de *l'inspection générale*

---

1. Cet officier supérieur est du grade de major ou de lieutenant-colonel.

des établissements militaires d'éducation et d'instruction.

La *commission des études des écoles de guerre* est immédiatement placée sous l'autorité du général inspecteur.

Par ses délibérations et ses avis, elle vient en aide à l'inspection générale pour la direction supérieure des écoles de guerre.

Son fonctionnement est réglé par une instruction spéciale.

Les propositions pour la nomination des membres de la commission des études des écoles de guerre, ainsi que pour les fonctions de directeur, de professeur et d'officier attaché auxdites écoles, sont faites par les soins de l'inspection générale et soumises à l'approbation du souverain.

2° Pour toutes les affaires administratives, les écoles de guerre dépendent du ministère de la guerre.

3° Si les circonstances l'exigent, les affaires administratives passent par l'intendance du gouvernement. En cas de recours, elles vont à l'autorité militaire supérieure et de là au ministère.

§ 3.

Rapports généraux de service des officiers
des écoles de guerre.

Les professeurs appelés à donner l'enseignement scientifique, ainsi que les directeurs, ne comptent plus dans leurs corps de troupe pendant la durée de leur mission. Ils touchent leurs appointements sur le budget des écoles et constituent un corps d'officiers parfaitement distinct.

La durée d'une de ces fonctions ne peut être inférieure à trois ans, ni excéder cinq ans.

L'occupation d'un pareil poste implique la reconnaissance officielle d'une aptitude scientifique et pratique réelle.

Enfin, par le renvoi du titulaire dans le service actif, on se trouve atteindre un double but : introduire continuellement dans les écoles des énergies nouvelles et rejeter dans l'armée des éléments pourvus d'une instruction éprouvée.

Des services distingués aux écoles de guerre auront une influence sérieuse sur la carrière des officiers qui les auront rendus.

Les officiers attachés aux écoles de guerre en

qualité d'officiers d'inspection continuent à compter
à leurs corps de troupe respectifs; mais pendant
la durée de leur mission, ils font partie du corps
d'officiers de l'école où ils sont envoyés.

§ 4.

*Relations de personne, de discipline et de justice
des officiers et des attachés.*

1° Les officiers employés ou attachés aux écoles
de guerre, de même que les élèves et le reste du
personnel, sont placés tout d'abord sous les ordres
des directeurs, revêtus, pour les droits de punition
et de permissions, de l'autorité d'un commandant
de régiment. Ils dépendent en second lieu de l'inspection générale des établissements militaires
d'instruction et d'éducation.

2° Pendant la durée du séjour, aux écoles de
guerre, des élèves ainsi que des sous-officiers et
des soldats, tout rapport direct doit cesser entre
eux et leurs corps de troupe. Ce rapport est réglé
par les soins de la direction de l'établissement correspondant.

3° Renseignements et notes sur les officiers employés dans les écoles de guerre sont établis par

les soins des directeurs et de l'inspection générale. Pour les officiers attachés, ce sont les corps de troupe ou l'arme correspondante qui les établissent dans la forme prescrite.

Par là, il est admis que les corps de troupe ainsi que l'inspection générale ont toute facilité pour se tenir constamment au courant des affaires de personnel et de travaux de tous les officiers sans exception qui se trouvent en service aux écoles de guerre. Les directeurs des écoles de guerre ont notamment à communiquer à tout corps de troupe qui en fait la demande les renseignements nécessaires à l'établissement des notes.

4° Le directeur exerce une juridiction *inférieure* sur les sous-officiers et soldats de son école de guerre. Dans le cas de punition grave à infliger à l'un de ces sous-officiers et soldats, ce qui nécessite parfois un supplément d'instruction, on doit s'adresser à la juridiction supérieure et alors on renvoie le coupable dans son corps pour y être jugé conformément aux règlements en vigueur. Les conclusions de l'officier d'instruction, ainsi que les pièces de ces militaires sont ensuite adressées à la *commandature* (bureau de la justice), pour y être examinées. S'il n'y a pas de commandature, elles sont transmises au chef militaire de la garnison la plus proche, ayant une juridiction plus élevée.

Dans certains cas pourtant, ces affaires seront instruites par ces conseils ; et le coupable pourra rester dans ses fonctions à l'école de guerre.

Enfin, s'il n'est pas possible de trouver dans le personnel même de l'école la catégorie de juges requise, pour former un conseil de guerre, on s'adressera alors à la garnison (pour l'école d'Engers, à la garnison la plus voisine), où l'on désignera par ordre d'ancienneté, ceux qui doivent compléter le personnel du conseil.

5° Pour les affaires d'honneur, les officiers de chaque école de guerre forment un conseil d'honneur spécial, sous la présidence du directeur de l'école. La décision à intervenir à la suite de la procédure du conseil est prise par le général inspecteur des établissements militaires d'instruction et d'éducation.

§ 5.

Personnel de direction et d'instruction.

1° Chaque école de guerre possède :
Un officier supérieur, directeur ;

Un officier attaché, en qualité de chef de bureau, officier d'instruction et bibliothécaire ;

Un comptable.

2° Les soins médicaux à donner soit aux élèves, soit au reste du personnel sont confiés à un médecin de la garnison, attaché à cet effet à l'école.

Pour les élèves de l'école de guerre d'Anclam, c'est un médecin civil, *engagé*, qui fait le service.

Pour l'école d'Engers, un chirurgien de l'armée est désigné pour ce service. Un infirmier lui est adjoint. Tous les deux retournent à leurs corps respectifs à l'issue de l'année scolaire. Au cas échéant, ceux qui tomberaient malades à Engers dans cet intervalle seraient évacués sur Coblentz.

A Anclam, jusqu'à ce qu'on ait jugé opportun d'y attacher un infirmier, on se contente, dans le cas de soins spéciaux à donner à un malade, d'engager dans la ville un aide ou un infirmier civil.

3° Huit capitaines (à Metz, 12) sont employés dans chaque école, en qualité de professeurs des sciences militaires suivantes :

1° Tactique ;

2° Étude des armes de guerre ;

3° Fortification ;

4° Topographie, levé et dessin de plans.

Le professeur de tactique doit en outre faire le cours sur le service intérieur.

§ 6.

*Solde et suppléments attribués au personnel de
direction et d'instruction.*

1° Le directeur, en qualité de commandant, touche la solde fixée pour cet emploi. Cependant si la direction est confiée à un capitaine d'infanterie et de cavalerie, ce dernier, jusqu'à ce qu'il ait reçu son brevet de commandant pour l'emploi vacant de directeur, touche la solde d'un capitaine d'infanterie ou de cavalerie de 1re classe, avec un supplément annuel de 300 thalers.

2° En outre de sa solde réglementaire, le chef de bureau reçoit un supplément annuel de 100 thalers, plus un deuxième supplément de 3 thalers, sur le chapitre des frais généraux, à titre d'officier d'instruction.

3° Les lieutenants employés comme professeurs en remplacement de capitaine, touchent la solde afférente à leur grade plus un supplément annuel de 200 thalers, jusqu'à ce qu'ils aient été promus capitaines.

4° Les capitaines d'infanterie et de cavalerie désignés comme professeurs reçoivent la solde du grade qu'ils auraient dans leurs corps respectifs. Ils touchent en outre un supplément annuel de 100 thalers.

5° Le payement de ces suppléments énumérés aux paragraphes 1, 2, 3 et 4, se fait d'après les états de solde établis conformément aux tarifs en vigueur.

§ 7.

Obligations de l'inspection générale pour le payement.

L'inspection générale prescrit :

1° Le droit d'entrée en solde pour les directeurs et professeurs.

2° L'avancement de professeur à une solde vacante de capitaine d'infanterie ou de cavalerie de 1re classe, en même temps que celui de l'officier qui suit à l'ancienneté dans le corps de troupe.

3° Le droit à l'indemnité de 300 thalers au directeur (du rang de capitaine), de 200 thalers au lieutenant et de 100 thalers aux capitaines pourvus d'emplois de professeurs.

§ 8.

Officiers d'inspection.

En dehors du personnel de direction et d'instruction désigné au paragraphe 5, il en faut un autre pour assurer la surveillance permanente des élèves, compléter l'instruction scientifique par des cours pratiques spéciaux et enseigner l'équitation, l'escrime, la gymnastique, le tir et le service par armes. C'est pourquoi, dans chaque école, il y a 6 lieutenants attachés (8 à l'école de Metz), en qualité d'officiers d'inspection. Parmi ces lieutenants doivent se trouver deux officiers de cavalerie et autant que faire se peut, un officier provenant de l'école centrale de gymnastique et un autre sortant de l'école centrale de tir.

La connaissance approfondie du système d'instruction enseigné à l'école centrale de gymnastique et à l'école de tir est d'une importance capitale pour ces officiers, puisqu'ils sont appelés à préparer les élèves des écoles de guerre à devenir à leur tour d'habiles instructeurs pour les troupes.

Les officiers mariés ou ceux qui manifestent

l'intention de se marier dans un délai rapproché, ne peuvent prétendre à des places d'officiers attachés.

Les officiers attachés aux Écoles doivent servir au moins trois ans en cette qualité. Ils ne peuvent passer à l'ancienneté qu'autant qu'ils ont quatre années à courir pour être promus au grade de capitaine de cavalerie ou d'infanterie. L'inspection générale reçoit sur leur demande des propositions pour ces fonctions, de chacun des commandants de corps d'armée, dont l'avis devra être pris en considération.

Toutes les fois qu'un officier passe au grade de capitaine, l'emploi qu'il occupe devient vacant et cette vacance doit être comblée dans les délais réglementaires.

Chaque officier d'inspection reçoit pour l'exercice de ce service un supplément annuel de 100 thalers.

§ 9.

Désignation des sous-officiers, hommes et chevaux, destinés aux Écoles de guerre.

1° Le personnel destiné à remplir les fonctions

de secrétaire, de capitaine d'armes, à la surveillance et au soin des chevaux, au service d'ordonnance, aux travaux journaliers, ainsi que les
chevaux nécessaires à l'instruction, sont répartis
par les soins du ministre de la guerre sur chacun
des corps d'armée.

2° Les hommes à prendre doivent être dans leur
deuxième année de service.

3° Les sous-officiers destinés à la surveillance
des chevaux, ainsi que les palefreniers et les chevaux, doivent être arrivés à l'École de guerre trois
jours avant l'ouverture de l'année scolaire. Le
reste des détachés doit être arrivé huit jours avant
la même époque.

4° Les sous-officiers détachés en qualité de secrétaire ou de capitaine d'armes, sont tenus à
rester au moins trois ans dans ces fonctions. Ils
ne peuvent être remplacés ni à la fin, ni au commencement d'un cours, ni tous les deux à la fois.
L'époque du remplacement est signifiée à temps
au commandant de corps d'armée par les soins de
l'inspection générale des établissements militaires
d'instruction et d'éducation.

5° Les hommes qui sont chargés de la conduite
des chevaux ne doivent voyager que par terre, à
moins que le ministre n'en ait décidé autrement.
Les autres détachés peuvent utiliser les voies fer-

rées et les bateaux à vapeur, pour l'aller et le retour.

6° La nomenclature des effets d'habillement et d'armement destinés aux détachés se trouve donnée dans le tableau annexe 1 c. Ces effets, toutes les fois que le détaché n'a pas à les emporter avec lui, doivent être envoyés directement par les soins du corps à l'École de guerre et cinq jours avant l'arrivée du destinataire.

Les directions des écoles de guerre sont autorisées, dans l'intervalle de deux cours, à conserver un certain nombre d'ordonnances (jusqu'à 9 pour chaque école et 12 pour l'école de Metz). Elles peuvent les garder aussi longtemps que cela est nécessaire pour l'accomplissement du service d'ordonnance et des travaux courants.

Mais il est de règle que le même corps de troupe ne doit pas fournir plusieurs ordonnances. Enfin leur prolongation de séjour ne doit retarder en rien leur passage éventuel dans la réserve.

§ 10.

Emploi de portier.

Pour chaque école de guerre, on désigne une

personne de confiance pour occuper l'emploi de portier.

Le choix peut se porter tout d'abord parmi les invalides pensionnés. S'il n'est pas possible, dans le corps d'armée ou dans celui limitrophe, on recherche un *demi-invalide* (halb-invalide) de la circonscription du district de landwehr.

Cette fois encore, si les démarches n'aboutissent pas, alors on peut donner la place à un non-pensionné.

L'invalide et le non-pensionné reçoivent un supplément mensuel de 4 thalers.

Le demi-invalide dans le rang n'a droit qu'à un supplément mensuel de 3 thalers.

Dans les deux cas, le titulaire de l'emploi a droit au logement, à l'éclairage et au chauffage.

En plus de ce supplément, le portier touche un deuxième supplément spécial de 1 thaler 1/2 par mois, s'il entretient la propreté des locaux.

§ 11.

Capitaine d'armes.

En principe, les places de capitaine d'armes sont données à des *demi-invalides* qui sont atta-

chés au commandement du district de landwehr.
La recherche de ces demi-invalides se fait alors,
comme il a été prescrit au paragraphe 9, dans le
cas où les portiers de cette catégorie de sous-
officiers devaient être pris dans cette classe. Ce
n'est que dans la supposition où un capitaine
d'armes de cette catégorie ne peut être trouvé que
l'on peut prendre un sous-officier de l'armée active.

Un sous-officier qui remplit les fonctions de capitaine d'armes dans une école de guerre touche
un supplément mensuel de 3 thalers. Il a à remplir en même temps les fonctions de sous-officier
d'armement et de fourrier.

Ce sous-officier peut en outre être attaché à l'administration du casernement et de l'économat.
Pour ces deux travaux supplémentaires, il a droit
à un nouveau supplément qui peut s'élever jusqu'à 1 thaler par mois, à prendre sur les écono-
mies réalisées par l'administration intérieure de
l'école.

Les sous-officiers employés en qualité de capitaines d'armes ne peuvent être mariés.

§ 12.

Vétérinaires.

Pour la question de la ferrure et du traitement des chevaux de l'État existant à l'école de guerre, on désigne un vétérinaire de la garnison, qui demeure chargé de ce soin et qui reçoit pour cela un supplément mensuel de 1 thaler.

Dans le cas où il ne se trouve pas de vétérinaire dans la garnison, la direction de l'école s'adresse au commandement qui le désigne parmi ceux du service vétérinaire du corps d'armée.

Dans ce cas ce dernier touche le supplément indiqué ; mais l'école reste chargée de la fourniture des fers et du charbon de terre, ainsi que des médicaments existants, dont la livraison n'est pas laissée à la disposition du vétérinaire.

A l'école de guerre d'Engers, le traitement des chevaux est confié à un vétérinaire de la garnison de Coblentz.

A Anclam, c'est un vétérinaire du cercle qui est chargé de ce soin.

§ 13.

*Obligations à remplir pour entrer aux Écoles
de guerre.*

Tout aspirant officier est dans l'obligation de
suivre le cours d'une école de guerre avant d'être
admis à subir les examens d'officier. En outre
des *porte-épée fœhnrichs*, ceux des sous-officiers
et soldats, qui ont subi avec succès l'examen de
porte-épée ou pour lesquels la proposition à ce
titre est prouvée, peuvent être admis.

Par contre, peuvent être dispensés de passer
par une école de guerre, comme faveur spéciale et
sur leur demande, les jeunes gens qui, après
avoir obtenu le certificat d'admission à l'Université, ont suivi entièrement ou tout au moins en
grande partie les cours d'une université prussienne et qui peuvent justifier de ces études,
ainsi que de leur bonne conduite, par des pièces
authentiques.

§ 14.

Conditions d'admissibilité au droit de fréquenter les Écoles de guerre.

L'admission à l'école de guerre suit de droit, si l'aspirant sous-officier, à la suite d'un passage d'au moins cinq mois dans un service actif, a acquis le certificat d'aptitude au service d'un soldat, ou aux parties essentielles du service qui concernent les sous-officiers.

Mais comme le degré d'avancement d'un jeune homme dans l'instruction militaire, après cinq mois de service, dépend en partie de l'époque de son entrée, il n'est pas exigé, pour être admis aux écoles de guerre, que tous les aspirants aient servi effectivement, avant leur entrée à l'école, dans une compagnie, escadron ou batterie. Seulement, tout aspirant officier qui fait preuve, à l'école de guerre, d'un tel manque de connaissances du service, qu'il soit hors d'état de suivre les leçons avec fruit, est renvoyé dans un corps de troupe. Il en est rendu compte au ministre, afin que les signataires de l'attestation puissent être responsables de leur acte.

§ 15.

Notification pour l'entrée.
Convocation.

1° La notification pour l'entrée se fait directement par les soins du corps à l'inspection générale des établissements militaires d'instruction et d'éducation, quatre semaines et exceptionnellement quatorze jours au moins, avant le commencement des cours.

2° A la notification des aspirants officiers à l'école de guerre à l'inspection générale, on doit joindre :

(a) La *Nationale* (état signalétique).

(b) Le certificat de bonne conduite et de service.

Ces deux pièces doivent être remplies dans la forme prescrite dans le tableau (1 a et 1 b.)

3° Dans le cas où le défaut d'espace de l'école ne permet pas l'entrée de tous les admis, l'inspection générale désigne, par ordre d'ancienneté, ceux des admis qui peuvent entrer, en raison du nombre des places. Elle répartit ensuite ces aspirants officiers dans les écoles de guerre, en partant de ce principe que chacun d'eux doit être placé le plus près possible de son lieu de garnison. L'incorporation d'un aspirant officier est notifiée au corps par la direction de l'école de guerre où l'admis est entré.

§ 16.

Équipement et mise en route des aspirants officiers

Les aspirants élèves désignés pour ces écoles de guerre ont à se munir des effets d'habillement et d'armement, spécifiés dans le tableau (1 c), ainsi que d'une pièce justificative conforme au modèle. Ils s'occupent ensuite d'aménager leur bagage avec assez de soin pour en faciliter le transport.

Les effets d'habillement que les *détachés* n'emportent pas directement avec eux sont expédiés à leurs frais, sur leur demande, par les soins du corps de troupe, à la direction de l'école de guerre, de manière à y parvenir cinq jours au moins avant l'élève.

Le départ de ces jeunes gens s'effectue par les voies ferrées, au moyen de bons de réquisition à prix réduit. Pour les autres moyens de transport, on ne rembourse que les frais de route et l'on donne en surplus 6 pfennings par mille allemand pour argent de poche.

§ 17.

Prescriptions pour la preuve des droits à la solde de ceux qui sont détachés aux Écoles de guerre.

1° Là preuve des droits à la solde pour tous les *détachés* se fait par l'envoi mensuel et immédiat, à la direction de l'école de guerre et par les soins du corps de troupe, d'un état conforme au modèle (annexe 1 D);

2° Les envois d'argent se font chaque mois, du 21 au 22, afin qu'ils parviennent à la direction dans les deux ou trois jours qui suivent;

3° Le tableau annexe II fournit l'indication de ce qui revient aux *détachés*.

Un tableau récapitulatif, établi d'après le même modèle, est joint tous les trois mois à cet envoi des corps de troupe.

4° Les envois de fournitures d'effets se font, autant que possible, simultanément.

Pendant la durée des cours, ce sont les corps qui sont chargés d'adresser à la direction les effets de grand équipement (en nature), les effets de petit équipement, et pour les élèves et les sous-officiers le pain (en argent). Ce dernier est payé d'après le tarif fixé tous les six mois.

Pour les hommes de troupe détachés aux écoles de guerre, ils reçoivent le pain (en argent ou en nature), d'après les endroits, suivant l'ordre du directeur.

§ 18.

Durée et division des cours.

Les cours commencent dans les écoles de guerre de Potsdam, Hanovre et Cassel, le 1er mars, pour finir neuf mois après, le 1er décembre.

Dans les écoles de guerre d'Anclam, Neisse, Engers et Metz, les cours durent dix mois, du 1er octobre à la fin du mois de juillet de l'année suivante.

Chaque cours se divise en deux parties principales, le cours théorique et le cours pratique.

On consacre au second quatre à six semaines de temps, à l'époque qu'on juge la plus favorable.

Dans le temps consacré aux cours théoriques, on comprend non-seulement les leçons, les exercices de classe et les applications, mais encore les exercices de gymnastique, de tir et d'armes. Le cours pratique a pour but d'enseigner l'application des connaissances scientifiques à un point de vue pratique.

§ 19.

Dispositions intérieures.

Les élèves sont casernés.

Pour la facilité de la surveillance, les officiers d'inspection ont droit à des chambres de service dans l'intérieur de l'école. Les chambres de service disponibles ou qui ne sont pas utilisées, comme il vient d'être dit plus haut, sont mises à la disposition des professeurs.

Un *mess* existe pour les élèves dans l'intérieur de l'école; il est placé sous la surveillance des officiers d'inspection.

Un mess est également installé dans l'établissement pour les officiers.

§ 20.

Formation des classes.

Tous les élèves sont groupés par classe.

Suivant le cas et quand l'espace le permet, ils peuvent être trente dans une classe; mais habituellement le chiffre de vingt-cinq n'est pas dépassé.

Chacune de ces classes doit, autant que possible, être composée de jeunes gens possédant le même degré d'instruction, afin que les progrès des plus capables ne soient pas retardés par ceux qui le sont moins.

§ 21.

Examen trimestriel des élèves.

Un cahier de notes est affecté à chacun des élèves. Il est déposé aux archives de la direction. A la fin de chaque trimestre, les professeurs y inscrivent leurs appréciations; puis, à la clôture des cours, tous les professeurs réunis en séance, sous la présidence du directeur, déterminent pour chaque élève les résultats de ces notes partielles et rédigent en conséquence un certificat déclarant s'il est capable ou non de subir l'examen d'officier. C'est seulement en cas d'un avis favorable que l'admission à cet examen est prononcée.

Par suite, les élèves déclarés inadmissibles rentrent immédiatement dans leurs corps de troupe.

§ 22.

Admission à une deuxième année de cours.

Un aspirant officier qui, à la suite de sa participation au cours, n'a pas été reconnu apte à subir les examens d'officier, ou qui, pour quelque motif d'absence de l'école, s'est trouvé éliminé, peut être autorisé à renouveler aussitôt que possible une deuxième et dernière fois son cours, sur l'ordre de l'inspection générale et d'après une demande formulée par les soins du corps et témoignant de la bonne conduite de l'élève.

§ 23.

Renvoi de l'École de guerre.

Hors les cas, où les élèves ont commis de telles fautes qu'en raison de la peine qu'elles peuvent entraîner, ils sont passibles d'un conseil de guerre (§ 4, sub. 4), tous les autres, faisant preuve d'un

caractère indiscipliné, menant une conduite irrégulière ou persistant à négliger l'accomplissement
de leurs devoirs et pour lesquels tous les moyens
de répression ont été employés vainement, sont
renvoyés sans délai de l'établissement. L'éloignement de l'école est également prononcée à l'égard
de ceux qui n'ont pas rempli les conditions exigées pour l'admission (§ 14). L'exécution de ces
dispositions est assurée par les soins du directeur
de l'école.

§ 24.

Examens de sortie.

A la fin des cours, les élèves des écoles de guerre
passent leur examen d'officier en présence du
président ou du directeur et de deux membres
de la Commission militaire supérieure d'examens.

Les élèves retournent ensuite dans leurs corps
respectifs.

Les officiers de troupes détachés dans les écoles
rentrent à leurs corps pendant l'intervalle d'un
cours à l'autre.

Les directeurs et professeurs employés sont mis

dans le même but, à la disposition du Ministre de
la guerre qui les attache à un corps de troupe ou
à un état-major.

§ 25.

Dispositions générales pour l'enseignement.

Les programmes des cours sont, en général,
fixés d'après les conditions exigées pour l'examen
d'officier. Mais, autant que le permettent la
force des professeurs et la durée des cours, on
doit s'efforcer de donner à l'enseignement un tour
pratique. On évitera ainsi les notions superficielles que la mémoire seule retient, et, en faisant
résoudre aux élèves, soit oralement, soit par écrit,
de nombreux problèmes, on leur inculquera les
principes qui doivent les guider dans l'application
de ce qu'ils ont appris.

Dans tous les cours, on doit s'efforcer de familiariser les élèves avec la partie de la littérature
qui s'y rattache,

§ 26.

Cours de tactique.

Les leçons de tactique doivent principalement porter sur :

1° Comme introduction, les notions générales de la guerre, du matériel de guerre, du but qu'elle se propose, des moyens qu'elle met en œuvre et de l'organisation générale des forces militaires.

2° Ensuite, les questions spéciales relatives à la tactique ; la disposition des troupes, les manœuvres et le combat, les formations en ligne et en colonne, enfin l'ordre dispersé.

Les différentes sortes de combat à rang serré et en tirailleurs ; les combats éloignés et rapprochés ; la manière de combattre des différentes armes.

3° Les formations tactiques de l'infanterie, de la cavalerie et de l'artillerie d'après les règlements prussiens.

4° L'influence du terrain sur l'emploi des troupes en général, comme conclusion de la leçon sur l'étude du terrain.

5° Les marches au point de vue du but et de

l'exécution ; ordres de marche ; dispositions des colonnes de marche ; emplacement, campement et ravitaillement des troupes ; emploi des chemins de fer.

6° Service de sûreté et de renseignements ; manière de-s'éclairer pendant la marche ; service des avant-postes ; patrouilles indépendantes et reconnaissances.

7° Questions générales relatives à l'étude du combat ; offensive et défensive ; terrain ; dispositions à prendre pour combattre ; marche des combats en général ; résumé du développement historique de la tactique.

8° Dispositifs de combat des unités tactiques ; modifications qu'ils ont subies par suite de l'emploi des armes perfectionnées ; importance capitale des feux dans les combats et de l'ordre dispersé ; emploi des chasseurs ; remplacement des munitions pour l'infanterie ; combat de l'infanterie contre la cavalerie et l'artillerie ; combat de la cavalerie contre l'infanterie et l'artillerie ; l'artillerie de campagne ; combinaison des armes ; notions sur les relations de toutes les armes entre elles et sur l'ordre de bataille.

9° Attaque et défense des villages.

10° La petite guerre.

§ 27.

Étude des armes de guerre.

L'étude générale des armes et du matériel de guerre comprend :

1° Comme introduction, les notions sur la classification des armes d'après leur objet et leur action, ainsi que l'étendue d'une étude des armes de guerre, destinée à répondre à ce programme.

2° Étude de la poudre ; matières premières ; fabrication, combustion, puissance absolue et relative, épreuves, conditions auxquelles doit satisfaire une bonne poudre ; causes d'avarie ; signes auxquel on doit reconnaître une poudre avariée ; précautions à prendre pour le maniement de la poudre ; conservation et transport ; substances explosives.

3° Les bouches à feu ; leur classification d'après les calibres ; la trajectoire des projectiles dans leur mouvement propre et sur le théâtre du combat ; la composition métallique des canons et leur construction.

4° Les affûts et les voitures ; leur répartition d'après le théâtre du combat. Les différents systèmes; composition métallique et construction.

5° Les munitions d'artillerie; projectiles, leur composition et leur confection ; charges; amorces pour les projectiles pleins et les projectiles creux.

6° La trajectoire des projectiles dans l'atmosphère et dans le vide; les forces qui la produisent; la trajectoire jusqu'à la sortie de l'âme et jusqu'au point d'éclatement.

7° L'action des pièces d'artillerie; vérification de la précision du tir; tables de tir; différentes sortes de fermeture par la culasse; action du tir sur la pièce. -

8° L'emploi des pièces d'artillerie en campagne, pour l'attaque et la défense des places fortes ainsi que pour la défense des côtes.

9° Les armes à feu portatives et leurs munitions, au point de vue de leur construction, de leur conservation et de leur emploi.

10° Les armes blanches.

11° Résumé des phases principales du développement historique des armes de guerre.

§ 28.

Fortification.

Le cour de fortification comprend :

1° Comme introduction, la définition et l'objet des fortifications, ainsi que leur classification.

2° La fortification de campagne; usage des différents matériaux; développement des profils les plus utiles pour les abris de l'infanterie et de l'artillerie, avec la hauteur spéciale à donner à ces abris et à ces plates-formes; but et tracé des parapets sur un emplacement déterminé, sous certaines conditions d'appropriation de terrain ou d'appui à donner à des ouvrages plus considérables.

3° Travaux de fortification; besoins et composition du matériel, du personnel ; dispositions générales pour les travaux de terre à exécuter en campagne; description spéciale d'un ouvrage de campagne avec ses revêtements et ses travaux; mesure du temps de travail pour les fossés-abris, les emplacements de batteries et les fortifications de campagne.

4° Emploi de la fortification de campagne ; mise en état de défense des ouvrages qu'on rencontre; objet des dispositions qui facilitent la défense; moyens de fortifier des hauteurs et des défilés; têtes de pont; notions sur la mise en état de défense d'une position ; camps retranchés.

5° Attaque et défense d'un ouvrage de campagne.

6° Les voies de communication en campagne;

leur établissement et leur destruction; pont de bateaux; destruction partielle et complète des chemins de fer et des télégraphes.

7° La castramétation.

8° Fortification permanente; but des fortifications permanentes; leurs conséquences générales. Tracé normal des parties principales des fortifications permanentes. Caractéristique du tracé le plus convenable. Choix et élévation des forts détachés. Fortification des côtes.

9o Aperçu du développement général des fortifications permanentes.

10° La fortification provisoire. En quoi elle diffère de la fortification permanente et de la fortification de campagne.

11° Attaque et défense des places, avec un aperçu particulier sur le rôle de chacune des armes et de toutes agissant ensemble.

§ 29.

Étude du terrain, dessin et levé des plans.

Le cours se répartit de la façon suivante :

A. *Étude du terrain.*

1° Les éléments de l'étude du terrain ; l'étude de l'orographie, de l'hydrographie, de la logographie et de la chorographie, ainsi que quelques notions sur la géographie physique.

2° Examen des formes du terrain, eu égard à son importance militaire.

3° Reconnaissance et description du terrain.

B. *Le dessin militaire des plans.*

1° Notions générales sur les diverses sortes de projection, sur les longitudes et les latitudes, la signification des signes conventionnels pour les plans et cartes.

2° Théorie de la représentation de la montagne. Représentation de la montagne par des courbes ou des hachures.

3° Représentation d'ensemble et disposition pour le graphique.

4° Exécution méthodique d'un plan ou d'un levé expédié, en vue d'une idée particulière.

5° Exercices dans la lecture des plans.

C. *Le levé militaire.*

1° Notion générale sur le but du levé, la théorie et les différents levés militaires.

2° Les instruments employés pour lever des plans.

3° Les opérations du levé à la planchette.

4° Triangulation topographique et levé qui en dépend. Relation entre la géodésie et la topographie.

5° Levé à vue.

6° Construction et emploi des autres instruments, dont l'emploi peut être utilisé par les officiers.

§ 30.

Règlements militaires.

Les leçons sur les règlements militaires ont trait à :

1° L'organisation de l'armée allemande, d'après son état général; formation et effectifs, comme conclusion du développement de l'armée prussienne depuis 1806. Commandement et administration de l'armée.

2° Le recrutement, les dispositions relatives à l'application du service obligatoire pour chaque classe ; le fonctionnement de la réserve de remplacement.

3° Les principes de la mobilisation. La formation de guerre d'un corps d'armée. Principes du service des étapes et des chemins de fer.

4° Le service dans les marches, les cantonnements et les bivouacs.

Embarquement du matériel et des troupes sur les chemins de fer.

5° La législation militaire, la connaissance des articles de guerre, du Code pénal militaire, des règlements disciplinaires, du fonctionnement des tribunaux d'honneur, des conseils de guerre, de l'instruction et de la procédure.

§ 31.

Du style militaire et du service des bureaux.

Le cours de style militaire a pour but de faire connaître :

La nature et les qualités particulières de ce

genre de style ; les formules réglementaires et les dispositions relatives aux papiers de service de toute espèce ; la manière de rédiger les rapports militaires, dépêches télégraphiques, informations, mémoires, demandes, procès-verbaux, relations d'événements et instructions, ainsi que les lettres particulières ayant un rapport de service, et qu'un officier subalterne peut avoir à écrire. Le cours porte également sur la manière d'établir les états et pièces comptables qu'un officier subalterne commandant un détachement isolé peut avoir à fournir.

§ 32.

Cours pratique de tactique.

Les exercices pratiques de tactique doivent porter sur :

1º L'appréciation prompte et judicieuse des différentes formes du terrain, dans les limites correspondant à des effectifs de troupes proportionnés à la force des élèves.

2º L'application des dispositions théoriques prescrites par la théorie au service en campagne et aux manœuvres d'exercice.

3° L'exécution en terrain varié de petits exercices tactiques.

4° L'établissement d'un projet de dispositions pour un terrain donné, afin d'employer, dans un but déterminé, de petits détachements composés de troupes de toutes armes, d'occuper différentes localités, de les attaquer et de les défendre, conformément à une hypothèse donnée.

5° Les exercices au cordeau.

§ 33.

Cours pratique pour l'étude des armes de guerre.

Les cours pratiques sur les armes de guerre doivent comprendre :

1° La visite des champs de tir et des polygones.

2° La confection des cartouches.

3° L'exercice du canon.

4° La visite des établissements techniques militaires et des dépôts de matériel qui se trouvent à proximité (§ 41).

§ 34.

Exercices pratiques de fortification.

Ils comprennent :

1° La visite des sapes et des mines, des constructions de retranchements et de pontage.

2° L'appropriation à un terrain donné du jalonnement, du tracé et du profilement d'un ouvrage de campagne.

3° La visite des ouvrages de fortification situés à proximité.

§ 35.

Exercices pratiques pour le levé des plans.

Ils consistent en :

1° Opérations élémentaires au moyen de la planchette, mise en station, orientation, recoupements, etc...

2° Levé d'un petit espace de terrain à l'aide de la planchette, et représentation des mouvements de terrain par courbes.

6

3° Usage des autres instruments dont l'emploi peut être nécessaire aux officiers.

4° Exercice de levés à vue, pour la reconnaissance d'une position ou d'une portion de terrain.

Rédaction d'un rapport de reconnaissance.

§ 36.

Encadrement et instruction militaire des élèves.

Pendant leur passage à l'école de guerre, les élèves forment des sections constituées militairement, et organisées ordinairement par armes, à la convenance du directeur.

Le perfectionnement de leur instruction militaire pratique doit porter sur :

1° Les exercices de détail, avec ou sans armes, d'après la progression prescrite par les règlements d'exercices.

2° La pratique de toutes les formations de manœuvres et de combat.

3° La manière de faire l'instruction.

Pour les cavaliers, les exercices à pied se réduisent à ce qu'on enseigne aux recrues, comme préparation à l'instruction à cheval. Ils constituent

la première partie du règlement d'exercices. On
n'exécutera de la deuxième partie que les mouvements dont le nombre des élèves permettra la réalisation.

Pour les fantassins on prendra comme pro-
gramme de leur instruction, les 1re et 2e parties du
règlement d'exercices, en s'attachant particulièrement aux exercices de combat en ordre dispersé.

Les cavaliers et les artilleurs seront assez pous-
sés dans l'emploi des armes à feu pour pouvoir participer aux exercices de tir.

§ 37.

Équitation.

Dans l'instruction pratique d'équitation, on doit
surtout s'efforcer de donner aux élèves d'infanterie l'assiette et la hardiesse à cheval, en leur ap-
prenant la conduite et l'usage des aides. Pour les
cavaliers, on devra, tout en ménageant autant que
possible les chevaux, comprendre, dans le cours
d'équitation, des séances de maniement d'armes.

§ 38.

Gymnastique.

Pour les exercices gymnastiques, les élèves sont groupés en raison de leur taille et de leur adresse, sans distinction d'armes. Le but de cette instruction est de fortifier les élèves au moral et au physique, afin que, dans la suite de leur carrière, ils soient à même de donner l'exemple de la hardiesse, de la force et de l'adresse. D'ailleurs ils doivent se préparer et se perfectionner, dans le but d'être à leur tour dans leurs corps respectifs les guides de leurs hommes, au point de vue des exercices gymnastiques, d'après les principes applicables à chaque arme.

§ 39.

Instruction du tir.

Les deux officiers d'inspection, détachés comme instructeurs de tir, ont une mission spéciale de confiance, en raison de l'importance capitale du tir pour toutes les armes.

Cette leçon fait suite à celle de l'étude des armes.

Elle lui sert de complément. Elle doit faciliter la connaissance complète des armes à feu en usage dans l'armée, de leur construction, de leur entretien, de leur nettoyage, ainsi que de l'emploi de ces armes, des réparations qui se présentent journellement, de la mise en joue, ensuite de la théorie du tir, du visé, de l'appréciation des distances, de la confection des cartouches et de la cible.

Pour les exercices de tir, les munitions nécessaires seront délivrées annuellement par le dépôt d'artillerie, sur l'ordre de l'inspection générale des établissements militaires d'instruction et d'éducation. Les exercices sont faits conformément à l'instruction sur le tir. Les élèves n'ont pas de cours spéciaux ; ils n'ont qu'à appliquer les différentes phases d'instruction prescrites par l'instruction. De la sorte, les élèves pourront acquérir une connaissance parfaite des exercices d'après les instructions réglementaires et d'autre part ils seront assez perfectionnés pour devenir à leur tour des instructeurs habiles, une fois qu'ils seront de retour dans leurs corps respectifs.

§ 40.

Instruction pour le service en général.

Le but de cette instruction, y compris le service spécial des places, est de perfectionner les hommes de troupe et les sous-officiers détachés, dans la connaissance du service, avec l'aide des élèves, de manière à préparer ces derniers pour l'avenir, en qualité d'instructeurs.

Dans le cours de cette instruction, les élèves enseignent et examinent eux-mêmes, tout en restant sous la direction de leurs professeurs.

En général, les élèves sont groupés par arme ; seuls, les artilleurs et les pionniers sont réunis à la section d'infanterie, au commencement de l'instruction. Ce n'est que plus tard qu'ils reçoivent des officiers du génie et d'artillerie professeurs, l'instruction spéciale à leur arme.

L'instruction spéciale pour les pionniers porte principalement sur le dessin de fortification et pour l'artillerie, sur les questions suivantes :

Exercice du canon, connaissance de l'emploi du canon et spécialement de la culasse ; connaissance et emploi des tables de tir ; connaissance du cheval et service des écuries.

§ 41.

Dispositions pour les visites de garnison.

1° Dans le cours de chaque leçon, les élèves doivent pendant cinq jours (aller et retour compris) se rendre dans les forteresses les plus rapprochées, pour y visiter les établissements militaires et les ouvrages de fortification.

2° Les élèves sont accompagnés par le directeur, le professeur de fortification et celui des armes de guerre. Le chef de bureau peut en faire partie, à la convenance du directeur. Ces officiers sont accompagnés de leurs ordonnances.

3° Pour la visite des forteresses de Spandau, on donne les frais réglementaires de route d'étape de Potsdam à Spandau. Pour les autres places, les voyages se font en chemin de fer ou en bateaux à vapeur. En général, on choisit le moyen de transport le moins onéreux.

4° Les frais de l'aller et du retour, ainsi que le séjour dans ces garnisons (de même pour les frais de poste de Potsdam à Spandau) et les suppléments pour les officiers sont réglés par les soins de l'intendance de corps d'armée.

Pour les jours de marche et de séjour dans les garnisons, élèves et brosseurs d'officiers reçoivent l'indemnité de route et le pain de route en argent et la preuve de ces quotités a lieu sans justification au moyen de pièces spéciales.

5° L'installation des élèves est faite autant que possible dans les casernes par les soins du gouvernement ou du commandement. S'il n'y a pas de place dans les casernes, les élèves sont alors logés chez l'habitant.

Les officiers désignés pour accompagner les élèves, reçoivent, ainsi que leurs brosseurs, des billets de logement.

6° Pour le nettoyage des effets des élèves, la garnison fournit le nombre d'ordonnances nécessaires.

7° L'époque de l'excursion est déterminée par le directeur. De son côté, ce dernier doit s'entendre directement avec les autorités des places de guerre, pour fixer le jour d'entrée des élèves.

Berlin, 27 février 1873.

Le ministre de la guerre,

Von Kameke.

NATIONALE[1]

de Porte-épée Fæhnrich (sous-officier) N. N.   de (X.)   du X régiment (bataillon de chasseurs), désigné pour faire partie de l'École de guerre
de N   pendant l'année scolaire 187 .

(OBSERVATIONS) : Un état (Nationale) spécial pour chaque aspirant doit être établi d'après ce modèle.

Numéros.	Corps de troupes.	Position et date de la nomination	Nom et prénoms.	Religion.	Lieu de naissance.	Province.	Date de la naissance.	Entrée au service.	Date du brevet de Fæhnrich.	Où le sous-officier a acquis son instruction scientifique, avec l'indication de l'Institut X..., de la durée de la fréquentation de cet Institut et des grades universitaires obtenus.	FAMILLE		Indication de la pension mensuelle. Dire si le sous-officier n'a pas de dettes.	REMARQUES.
											Etat du père. Indiquer s'il est vivant.	Nom de famille de la mère. Indiquer si elle vit.		
1	2	3	4	5	6	7	8	9	10	11	12	13	14	15
	Avec la désignation de la compagnie, de l'escadron ou de la batterie.													Pièces à l'appui : Brevet d'aptitude comme porte-épée Faehnrich. Si le brevet n'a pas encore été délivré, la commission militaire supérieure d'examen doit tout-au moins être prévenue, au moyen d'un titre régulier, que le candidat a passé l'examen.

1. Sorte d'état conforme à l'état signalétique adopté dans l'armée française

CERTIFICAT DE BONNE CONDUITE ET D'APPLICATION DANS LE SERVICE

délivré au porte-épée fæhnrich (sous-officier) N. N. du N. N. régiment, désigné pour l'École de guerre de N.....

Observation : Pour chaque aspirant, un certificat spécial de même nature doit être établi d'après ce modèle.

| FONCTIONS | NOM et PRÉNOMS | OPINION SUR | | PUNITIONS | INDIQUER | | S'il a été placé dans une compagnie, escadron ou batterie; éventuellement dans quelle situation préférable a-t-il pu prendre part aux exercices ? | Opinion sur les aptitude qu'il montre et le goût qu'il témoigne pour le service |
| | | la moralité et la conduite hors du service, les manières, l'attitude, la tenue, ainsi que sur les qualités particulières de cœur et de caractère. | Conduite dans le service. | | combien de temps et dans quel corps il auraitvraisemblablement servi. Indiquer la durée des permissions et les absences pour cause de maladie. | à quel grade son instruction militaire lui aurait permisd'atteindre, soit comme simple soldat, soit comme sous-officier. | | |

Lieu de la résidence et date :

Le Certificat doit être établi par les soins des officiers de la compagnie, de l'escadron ou de la batterie. A côté de sa signature, le commandant du bataillon, du détachement ou du régiment, joint ses observations.

Page 88 ter

POUR LES DROITS A LA SOLDE DES ÉLÈVES DES ÉCOLES DE GUERRE

X bataillon, d

Nos	FONCTIONS	NOM	SOLDE			MASSE générale d'entretien			PAIN			équ
			th.	s.	p.	th.	s.	p.	th.	s.	p.	th.
1	Porte-épée fœhnrich	A										
2	Sous-officier	B										
3	Fusilier	C										
	Total....											

Vu bon pour la somme de   thalers

à payer à la caisse de l'Ecole de guerre, à

N....., le

. TION

T DES HOMMES DÉTACHÉS A L'ÉCOLE DE GUERRE A X.

u Régiment n°

ETIT ipement		TOTAL			RÉPARATION des armes			FERRURE			AUTRES frais généraux			TOTAL général			OBSERVATIONS
s.	p.	th.	s.	p.	th.	s.	p.	th.	s.	p.	th.	s.	p.	th.	s.	p.	

silbergros   pfennings

187 .

SITUATION

POUR LES DROITS A LA SOLDE DES ÉLÈVES DES ÉCOLES DE GUERRE ET DES HOMMES DÉTACHÉS A L'ÉCOLE DE GUERRE A X.

X bataillon, du Régiment n°

N°ˢ	FONCTIONS	NOM	SOLDE			MASSE générale d'entretien			PAIN			PETIT équipement			TOTAL			RÉPARATION des armes			FERRURE			AUTRES frais généraux			TOTAL général			OBSERVATIONS
			th.	s.	p.	th.	s.	p.	th.	s.	p.	th.	s.	p.	th.	s.	p.	th.	s.	p.	th.	s.	p.	th.	s.	p.	th.	s.	p.	
1	Porte-épée fæhnrich	A																												
2	Sous-officier	B																												
3	Fusilier	C																												
	Total.....																													

Vu bon pour la somme de   thalers   silbergros   pfennings
à payer à la caisse de l'École de guerre, à

N....., le   187 .

ÉTAT

DES

Effets d'habillement, d'équipement, d'armement et autres que
les élèves de l'École de guerre, les sous-officiers et les hommes
détachés dans l'École de guerre doivent avoir avec eux.

DÉSIGNATION des EFFETS	ÉLÈVES DES ÉCOLES DE GUERRE	SOUS-OFFICIERS, brosseurs d'officiers et ordonnances d'infanterie.	PALEFRENIERS	OBSER-VATIONS
		NOMBRE DES PIÈCES		
Casquettes avec cocardes . .	2	2	2	
Tunique, etc.	3	3	2	
Cols.	3	3	3	
Pantalons de drap ou pantalons de cheval.	3	3	2	
Pantalons d'écurie (pour les cavaliers).	2	»	2	
Pantalons de treillis (fantassins).	1	2	»	
Pantalons blancs (fantassins).	2	1	»	
Jaquettes de coutil	1	2	2	
Manteau (de bonne qualité) .	1	1	1	
Caleçons.	2	2	2	
Gants de laine et de cuir.. .	1	1	1	
Casque, schako ou schapska, avec les accessoires et la cocarde	1	1	1	
Sac et bretelles.	1	1	»	
Cartouchières.	1	»	»	
Sabre avec ceinturon et accessoires.	1	1	1	
Giberne.	1	»	1	
Courroies de manteau. . . .	1	1	»	
Sacoches..	»	»	1	
Sac à pain pour fantassin. .	1	1	»	
Gamelle individuelle avec courroies	1	»	»	
Glands du sabre.	»	2	2	
Éperons.	»	»	2	
Bottes (de bonne qualité). .	»	1	2	
Souliers id.	»	1	»	
Semelles avec bouts de talon.	»	2	»	
Chemises (de bonne qualité).	»	2	2	
Carnet de solde.	1	1	1	
Livre de prières.	1	1	1	
Sac de pansage (de bonne q.).	»	»	1	

CONFORMÉMENT A CE TABLEAU MODÈLE, SONT ÉQUIPÉS :

1 Le porte-épée Fœhnrich (N. N.).
2 Les sous-officiers et le capitaine d'armes (P.).
3 Le cuirassier (O.).

Lieu et date   Command^t du X régim^t n°

ÉTAT

DES

Sommes à payer par les soins des Corps aux écoles de guerre.

	PAR PERSONNE ET PAR MOIS POUR					
	FRAIS GÉNÉRAUX		RÉPA-RATION DES ARMES	FERRURE ET PANSEMENTS		
	Silb.	Pf.	Pf.	Silb.	Pf.	
Pour les élèves et les détachés sans désignation d'armes	2	2	5	»	»	
Pour chaque cheval détaché . . .	2	3	»	5	2	

PARALLÈLE

Entre les Dispositions prescrites en 1859
et celles de 1873

Il ne s'agit pas seulement de constater, il faut encore comparer, afin de pouvoir se rendre compte des modifications apportées par l'autorité militaire prussienne, depuis les guerres de 1866 et de 1873, aux écoles préparatoires pour l'obtention du grade d'officier.

Tout d'abord, signalons 8 écoles de guerre en 1873 au lieu de 3 en 1859. Les cinq nouvelles sont celles d'Anclam, Engers, Hanovre, Cassel et Metz. D'autre part, la dernière instruction entre dans les détails les plus précis. Tout y est réglé et parfaitement clair. Rien n'est laissé à l'arbitraire pour l'entrée, le séjour et la sortie desdites écoles.

Comme personnel de direction et d'instruction, nous trouvons par école en 1873, un comptable de plus (Zahlmeister), un service médical assuré, 8 capitaines professeurs au lieu de 6 et 12 à Metz.

A l'avenir, deux officiers d'inspection doivent

sortir, l'un de l'école centrale de tir, l'autre de l'école centrale de gymnastique.

Tout est spécifié pour les sous-officiers, soldats, ordonnances, portiers, capitaines d'armes et vétérinaires.

Les cours ont également subi quelques modifications importantes.

C'est ainsi qu'on a complété le cours de tactique par des notions sur les dispositifs de combat des diverses unités tactiques, sur les modifications apportées à ces dispositifs par suite de l'emploi des armes perfectionnées, sur l'importance des feux et de l'ordre dispersé.

Dans l'étude des armes de guerre, on doit comprendre à l'avenir celle des affûts, des voitures, des divers systèmes existants, de l'action des pièces d'artillerie, de la vérification de la précision du tir, des tables de tir, etc. On doit également faire un résumé des phases principales du développement historique des armes de guerre.

Pour le cours de fortification, on a ajouté des leçons sur les fossés-abris, l'appréciation du terrain et son appropriation à un ouvrage de campagne, la destruction des chemins de fer et des télégraphes. Par contre, on a supprimé tout ce qui avait trait à Vauban et à son système d'attaque et de défense.

L'étude du terrain, le levé des plans et le dessin militaire ont pris surtout une grande extension.

Dans le cours sur les règlements militaires, on a fait disparaître le service intérieur de la compagnie et de l'escadron, ainsi que le service des places. Mais on a ajouté des leçons sur les conséquences et les résultats du développement de l'armée prussienne depuis 1806, sur les principes de la mobilisation, le service des marches, les cantonnements et les embarquements de chemins de fer.

Le cours pratique des armes de guerre a été l'objet de quelques suppressions et additions. Le tir à la cible en a été distrait, pour devenir un enseignement spécial et complet.

Enfin, deux autres enseignements ont été nouvellement créés, ceux de la gymnastique et de l'instruction des sous-officiers et soldats par les élèves eux-mêmes, pour leur permettre l'application de ce qu'ils ont appris.

Comme on le voit, ces réformes sont importantes, surtout au point de vue des cours pratiques qui ont pris un développement considérable. Elles démontrent, en tout cas, l'attention soutenue que l'inspection générale des établissements militaires d'éducation et d'instruction, ainsi que la Commis-

sion supérieure des études portent au perfectionnement progressif du mode d'enseignement militaire.

PARALLÈLE

Entre les Écoles de guerre allemandes et les Écoles françaises

————

La France ne possède rien d'analogue, comme enseignement. Elle n'a que trois écoles, où puissent entrer les aspirants officiers d'infanterie et de cavalerie. Ces trois écoles sont celles de Saint-Cyr, du camp d'Avord et de Saumur.

Il n'existe ni inspection générale des établissements militaires d'instruction et d'éducation, ni commission des études pour les écoles de guerre. Autant d'écoles, autant de modes de présentation et de recrutement des candidats, des officiers instructeurs et des professeurs.

Les écoles françaises (à l'exception momentanée de celle d'Avord) dépendent directement du ministre et des bureaux de la guerre.

En Allemagne, le directeur et les 8 professeurs d'une école touchent leur solde sur le budget de l'école. Tous les autres sont simplement détachés et sont payés par les soins de leurs corps respectifs, ce qui n'a pas lieu en France.

En France, directeur et professeurs peuvent rester indéfiniment éloignés des corps de troupe et de tout exercice pratique. En Allemagne, les professeurs ne peuvent demeurer éloignés de leurs corps, moins de 3 ans et plus de 5 ans. De plus, directeur, officiers professeurs, officiers d'inspection ou instructeurs, ainsi que tout le reste du personnel (élèves, sous-officiers, soldats, etc.) sont dans l'obligation de rentrer au service actif, à la fin de chaque cours et dans l'intervalle d'un cours à l'autre, du 31 juillet au 1er octobre, pour prendre part aux manœuvres. En France, rien de semblable n'existe. A Saint-Cyr, ainsi qu'à Saumur, on prend un congé pendant ce laps de temps. Au camp d'Avord, les cours commencent le 1er janvier, pour finir le 31 décembre et recommencer le 1er janvier.

Des tribunaux d'honneur sont installés dans chaque école de guerre. Ils sont inconnus en France.

Le personnel particulier de direction et d'instruction, spécial à une école de guerre allemande, se compose d'un officier supérieur, d'un officier chef de bureau, d'un comptable, de 8 capitaines professeurs, d'un vétérinaire et d'un sous-officier capitaine d'armes.

La composition suivante du personnel de l'école

de guerre de Potsdam, donnera une idée exacte de ces institutions :

École de guerre de Potsdam.

Directeur. — Major von der Schulenburg, officier d'état-major (à la suite).

Professeurs.

Capitaine Diener, de la 2ᵉ inspection du génie (à la suite).

Capitaine Rogalla de Bieberstein, du régiment d'infanterie nᵒ 77 (à la suite).

Capitaine Meyer, du régiment d'infanterie nᵒ 71 (à la suite).

Capitaine Kindermann, de la 1ʳᵉ inspection du génie (à la suite).

Capitaine Meinardus, du 15ᵉ régiment d'artillerie à pied (à la suite).

Capitaine baron de Vietinghoff, du 56ᵉ régiment d'infanterie (à la suite).

Capitaine von Reclam, du 29ᵉ régiment d'infanterie (à la suite).

Capitaine Scheffer, du 10ᵉ régiment d'artillerie de campagne (à la suite).

7

Officiers d'inspection et professeurs.

Premier lieutenant, von Daum, du 2ᵉ régiment de la garde.

Premier lieutenant Salm, du 74ᵉ régiment d'infanterie

Sous-lieutenant, Stach von Goltzheim, du 2ᵉ régiment de dragons de la garde.

Sous-lieutenant, Gyns von Rekowski, du 1ᵉʳ régiment des grenadiers de la garde.

Sous-lieutenant, chevalier von Rechenberg, du 3ᵉ bataillon de chasseurs.

Chef de bureau et bibliothécaire.

Premier lieutenant, Teltz, au 86ᵉ régiment d'infanterie.

En France, la plus grande variété règne. A Saint-Cyr, il y a, pour le même service, 1 général commandant, 1 commandant en second, 1 directeur des études, 2 sous-directeurs, 39 professeurs, 8 officiers dont 1 major pour la comptabilité, 2 aumôniers et 3 médecins.

A Saumur, on compte 1 commandant en premier, 1 commandant en second, 12 professeurs, 3 médecins, 3 vétérinaires, 1 major, 1 capitaine d'habillement, 1 capitaine trésorier, 1 porte-étendard, 1 adjoint trésorier, 12 professeurs, 3 médecins et 3 vétérinaires.

Au camp d'Avord, on possède 1 commandant, 1 commandant en second, 8 professeurs, 1 trésorier et 1 officier chargé des détails.

C'est donc l'école du camp d'Avord qui se rapproche le plus du type allemand.

En Allemagne, il y a 6 lieutenants d'inspection et d'instruction (8 pour Metz), dont 1 sortant de l'école de gymnastique, 1 de l'école de tir, 2 de la cavalerie.

En France, on compte 26 officiers d'inspection et 1 officier de remonte à Saint-Cyr ; 28 officiers d'inspection à Saumur, et 11 au camp d'Avord.

En Allemagne, le mariage est une exclusion d'acceptation pour être détaché aux écoles de guerre. En France, cette clause n'existe pas.

Le personnel de sous-officiers et d'hommes de troupe employés dans les écoles militaires est pris sur toute la France, au choix du ministre. En Allemagne, ce sont les corps d'armée qui alimentent ce personnel spécial des écoles et qui le signalent à l'attention de l'inspection générale des établissements d'instruction et d'éducation. Le ministre n'a pas à intervenir. Tout ce monde revient au corps pour les manœuvres.

Pour entrer dans les écoles de guerre alleman-

des, il faut avoir été 5 mois au moins sous les drapeaux. Pour faire partie de l'Ecole de Saint-Cyr, il
n'est pas nécessaire d'avoir servi. Pour aller au
camp d'Avord, on doit avoir été l'objet d'une proposition d'officier à l'inspection générale. Pour Saumur, cette dernière garantie n'est pas exi-
gible.

Les officiers d'inspection et les professeurs ne
peuvent avoir que des chambres de service dans
les écoles allemandes. En France, tous, femmes
et enfants, sont le plus souvent logés.

Un *mess* de rigueur est établi pour les officiers
à l'intérieur de l'Ecole; en France cette mesure
n'est pas adoptée.

Dans les écoles d'au delà du Rhin, les élèves
sont placés par groupes de 25 à 30 au plus, pour
suivre les cours. A la fin de chaque trimestre, ils
sont jugés et renvoyés, s'ils sont incapables. En
France, les classes sont beaucoup plus nombreuses et les élèves incapables ne sont renvoyés
pour incapacité qu'après le temps d'école accompli. Les cours théoriques en Allemagne ne portent que sur des questions militaires : tactique,
étude des armes de guerre, fortifications de
campagne, passagère et permanente, étude du
terrain, dessin et levé des plans, règlements
militaires (organisation de l'armée allemande,

recrutement, mobilisation, chemins de fer, législation et style militaire).

En France, les cours théoriques comprennent beaucoup d'autres enseignements qui sont supposés déjà acquis chez nos voisins et qui n'ont pas d'intérêt pour le but que l'on se propose.

Le cours pratique de tactique n'a pas d'analogue dans nos écoles.

Le cours pratique des armes de guerre (visite des polygones, des établissements militaires, des magasins, etc.), ne se retrouve pas en France sous la même forme.

L'instruction théorique et pratique des sous-officiers et soldats des écoles par les élèves eux-mêmes n'est pas en usage chez nous. Enfin les visites des garnisons environnantes n'y ont pas le même développement que dans l'armée allemande. Nous n'ajouterons rien à cet exposé rapide. Nous laisserons à chacun le droit de juger et d'en tirer les conclusions qu'il croira convenable. Constatons seulement qu'à elle seule, l'Ecole militaire de Saint-Cyr coûte aussi cher, malgré ses élèves payants, que les 9 écoles de guerre allemandes toutes ensemble[1].

1. Voir les Pièces justificatives.

INSTRUCTION

Sur l'étendue et la méthode du programme des études

SUIVI

A L'ACADÉMIE MILITAIRE DE BERLIN

Au-dessus des Écoles de guerre, se trouve l'Académie militaire de Berlin. C'est donc du haut enseignement qui s'y fait que nous allons nous occuper. La traduction *in extenso* de l'importante instruction qui va suivre, suffira pour nous en montrer le but, la valeur et la portée.

L'ACADÉMIE DE GUERRE

§ 1.

Caractère scientifique fondamental du service de l'Académie de guerre.

L'Académie de guerre a pour mission de fournir et de diriger dans les branches les plus élevées des sciences militaires, un certain nombre d'officiers, ayant toutes les aptitudes désirables, possédant déjà une instruction militaire et scientifique convenable et se vouant par goût et par passion à l'idée de perfectionner leur instruction. Elle a également pour but de faire acquérir à ces officiers une telle valeur, qu'ils soient capables, dans le cours de leur carrière militaire, de remplir les fonctions de l'état-major et de *l'adjudantur*[1], et surtout de commander et de conduire les troupes.

Cette mission imprime à l'Académie de guerre le cachet précis d'une école militaire spéciale, qui n'a pas à se perdre dans les généralités, mais qui doit avant tout atteindre à une instruction fondamentale approfondie, tout en procurant un développement de connaissances techniques élevées dans des sciences, qu'on doit envisager tantôt comme des aides pour le perfectionnement de l'instruction, tantôt comme des principes généraux réels.

Dans chaque école de guerre la pensée fondamentale *doit ressembler à un fil rouge, appelé à s'insinuer partout.* C'est pourquoi, dans toutes ces questions d'organisation de l'Académie, on doit toujours avoir comme objectif dominant *le service de guerre.*

Le programme de l'Académie trouve son point de départ immédiat dans le travail préparatoire nécessité pour l'admission à ces cours. Ce programme a tout d'abord à consolider régulièrement les principes fondamentaux, puis à agrandir cette œuvre

1. Service des bureaux, fait encore aujourd'hui en France par les officiers d'état-major.

monumentale pour en faciliter l'accès ; toutefois, cet agrandissement ne doit pas présenter le caractère d'une simple addition ou juxta-position, mais bien celui d'une construction complète, reposant sur des fondations assurées. Aussi, pour consolider ces fondations, il importe de ne pas se borner à une simple répétition des connaissances exposées aux premiers degrés des Académies ; il faut, au contraire, les approfondir à l'aide de points de vue toujours nouveaux et élevés, et de la présentation rationnelle d'un tableau général des sciences. Ce n'est, en effet, que par ce moyen qu'il sera possible d'étayer et de construire un monument sérieusement durable et prospère.

Au point de vue de l'instruction générale, les gymnases et le corps des cadets peuvent être considérés comme une excellente préparation pour entrer à l'Académie de guerre. Il en est de même, sous le rapport de l'instruction militaire scientifique, pour les écoles de guerre, le corps des cadets, les écoles d'artillerie et du génie, ainsi que pour le service pratique de trois ans, rempli en qualité d'officier. Dans un tel service, en effet, le jeune officier est déjà mis au courant des branches principales du service actif et a su trouver une source abondante de perfectionnement militaire.

L'Académie de guerre n'est pas une école élémentaire; c'est l'établissement d'instruction le plus élevé de l'armée. Cette Académie, par conséquent, n'a pas pour mission de procurer à de jeunes officiers les connaissances élémentaires nécessaires dans les services secondaires, comme le fait une école spéciale; elle n'a également pas à continuer le programme d'instruction d'une école royale, instruction que les officiers ont déjà reçue avant leur entrée à l'Académie. Elle doit, au contraire, fournir l'occasion et le prétexte du développement scientifique et intelligent des principes qui sont si utiles dans les hautes fonctions militaires de l'armée. Elle doit enfin permettre de compléter les connaissances générales pour ces spécialités, qui sont de nature à exercer une influence avantageuse sur les règles et les devoirs particuliers de l'armée.

Les leçons de l'expérience, d'ailleurs, fournissent une preuve évidente de ce fait, qu'une instruction générale, qui ne s'élève pas au-dessus du niveau habituel, n'est pas en mesure d'empêcher l'insuffisance des capacités et des spécialités scientifiques. C'est pourquoi les résultats de l'instruction donnée à l'Académie dépendent uniquement de la solidité des principes fondamentaux sur lesquels doit s'appuyer toute la progression de l'instruction.

§ 2.

Degré de connaissances nécessaires pour entrer
à l'Académie

La méthode d'enseignement de l'armée doit former un ensemble organique suffisamment coordonné, de façon que toutes les parties qui la composent soient rigoureusement unies l'une à l'autre. Dans ces conditions, l'Académie, pour se conformer à sa mission qui est de développer un enseignement supérieur, doit déterminer nettement le programme d'études qui servira de base à cette instruction élevée. Cet état de choses ne réclame donc pas, pour entrer à l'Académie, une étendue de connaissances positives supérieure à celle que les officiers ont été à même d'acquérir dans les établissements d'instruction préparatoire. L'examen de porte-épée fœhnrich, qui est prescrit pour concourir à l'obtention du grade d'officier, donne la mesure des connaissances spéciales nécessaires. L'examen exigé pour être officier indique le degré de perfectionnement scientifique qu'on est en droit de réclamer pour occuper un emploi de sous-lieutenant.

L'officier candidat à l'Académie de guerre doit pouvoir suivre les cours sans difficulté, se les approprier, se familiariser avec les sciences de son choix; il doit, en outre, se perfectionner assez dans les leçons d'instruction générale, dans les parties qui s'y rapportent, dans les mathématiques, l'histoire ou les langues, pour qu'il puisse connaître à fond son sujet et étudier lui-même d'une manière plus complète encore.

C'est pourquoi le *minimum* de connaissances qu'on puisse réclamer d'un candidat, à son entrée à l'Académie, est :

1° Qu'il possède cette faculté générale de penser et de juger, si nécessaire pour comprendre et profiter progressivement des cours de l'Académie;

2° Que l'instruction spéciale, réclamée de lui pour l'examen de porte-épée fœhnrich, et celle exigée pour l'examen d'officier ne se soient nullement affaiblies.

Ce n'est pas la quantité, mais l'*intensité* de l'instruction des officiers admis à l'Académie de guerre qui détermine la valeur de l'Académie pour l'armée.

L'Académie n'atteint pas son but si les officiers qui la quittent n'ont pas acquis les connaissances utiles pour les hautes fonctions militaires.

Les officiers qui entrent à l'Académie sans posséder les principes nécessaires à la marche de l'instruction qu'on y trouve, donnent de suite une faible espérance de les voir satisfaire à ce qu'on est en droit d'attendre d'eux.

C'est donc avec plus de rigueur que jamais qu'on devra exiger pour l'admission, et cela comme condition préalable indispensable, la preuve de la possession de ces principes. Pour ce cas, on doit appliquer les règles suivantes :

1° L'examen en science militaire et en spécialités doit, jusqu'à nouvel ordre, se faire sous forme de travaux à exécuter sur des questions prescrites particulièrement pour chaque examen;

2° Afin d'être à même d'émettre une opinion plus complète sur l'ensemble des dispositions naturelles du candidat et sur l'étendue de ses connaissances, et de donner plus de latitude dans le choix des questions particulières à traiter, chaque candidat aura toute liberté pour présenter des travaux personnels, qui pourront lui être utiles dans le cours de sa carrière.

3° Pour ces travaux volontaires, la commission d'études de l'Académie de guerre laissera donc au choix de chacun le sujet d'un thème particulier, s'appliquant autant que possible à une question d'actualité. La rédaction de ces travaux ne sera pas le dernier mot de la solution; elle servira surtout à donner une idée parfaite des dispositions d'esprit et du degré d'instruction déjà atteint.

4° Mais il ne s'agit pas seulement de rechercher si le niveau de l'instruction scientifique du candidat a baissé, depuis que les examens de porte-épée et d'officier ont eu lieu, il faut encore reconnaître si les facultés intellectuelles sont de nature à lui permettre d'embrasser une instruction plus grande et plus solide encore. C'est pourquoi le choix de toutes les questions doit être tel que, dans leurs réponses, les connaissances positives, reposant uniquement sur la mémoire, ne soient pas exclusives. Il importe d'ailleurs de fournir aux concurrents le temps et l'occasion de montrer la force de leur intelligence par une exposition lumineuse, un groupement logique et l'habileté dans l'expression de la nature de leurs pensées et des idées qui les guident.

C'est seulement par ce moyen que l'on sera en mesure de répondre avec certitude à cette question de savoir si le jeune officier est en état de compléter rapidement, par la reprise de ses études, ce que sa mémoire a perdu de détails scientifiques, grâce aux exigences d'un service actif de trois ans. Un examen borné serait en effet insuffisant pour permettre une telle constatation.

5° Le domaine général des examens ne doit pas s'étendre au delà des questions fondamentales demandées pour l'admission au grade d'officier. Les programmes d'examen d'officier sont donc les limites dans lesquelles doivent se choisir les questions à poser sur les sciences de vocation. Mais, pour que l'acceptation à la plus haute école spéciale militaire du pays soit regardée comme un juste avancement, il importe que les connaissances volontaires fondamentales réclamées pour le grade d'officier n'aient nullement perdu de leur valeur. *C'est pourquoi aucun candidat ne pourra être considéré comme en état d'entrer à l'Académie de guerre, s'il n'a obtenu la note minima d'examen (satisfaisant), dans chacune des leçons de sciences militaires.* Dans le cas seulement où une note inférieure proviendrait du dessin militaire, on pourrait admettre une compensation, grâce à une note plus élevée dans une autre leçon de science militaire.

6° Pour les leçons spéciales, les prescriptions réglementaires pour l'examen de porte-épée fæhnrich indiquent les limites dans lesquelles doivent être prises les questions à poser pour l'examen d'entrée à l'Académie. C'est pourquoi, pour ces leçons, il est de règle d'exiger au moins la note (*satisfaisant*). Cependant, dans le cas d'une note inférieure

8

pour l'une de ces leçons, on peut admettre une compensation, si le candidat a mérité au moins la note *bien* dans l'un des travaux volontaires facultatifs, les mathématiques, l'histoire ou les langues vivantes, de façon à démontrer que par ses études personnelles il a acquis dans l'une de ces parties un plus grand nombre de connaissances générales que l'on n'en exige aujourd'hui.

7° Dans le cas où le candidat n'aurait pas présenté de garantie suffisante pour être à l'Ecole, par suite de l'ignorance réelle de quelques connaissances positives, l'inspection générale pourrait pourtant se prononcer pour son acceptation, s'il avait montré dans la manière de traiter les travaux d'examen, un tel degré d'intelligence et d'habileté dans le maniement logique de ses pensées, ainsi qu'une telle adresse et précision dans les expressions qu'il serait justement reconnu comme tout à fait apte à pouvoir continuer avec avantage les études scientifiques. Mais il est bien entendu que l'inspection générale aurait à bien spécifier les motifs de cette transgression, motifs qui doivent se rapporter à ces travaux exceptionnels d'examen.

8° Les deux limites extrêmes pour les notes à donner, sont celles de : *excellent* et *complétement insuffisant*. Entre excellent et complétement insuffisant se trouve au milieu, comme note intermédiaire, celle de *satisfaisant*. Mais ensuite, entre *suffisant* et *excellent*, se trouve la note *bien*, et la note *insuffisant*, entre la note *satisfaisant*, et la note *complétement insuffisant*. Pour faciliter la comparaison des candidats et leur classement, ces cinq notes se remplacent par les cotes 9, 7, 5, 3, et 1.

§ 3.

Bases générales du plan des études

On ne doit faire au programme du plan d'études de l'Académie de guerre aucune addition dont la nécessité ne serait pas parfaitement justifiée. Il ne faut pas en effet, par un enseignement chargé outre mesure, fatiguer l'intelligence des auditeurs, au point de leur faire perdre tout ressort. On doit au contraire ménager les forces des élèves et leur laisser un temps suffisant, tant pour exercer fructueusement l'activité de leur intelligence, que pour leur permettre de se livrer personnellement à des travaux particuliers.

Tous les cours qui constituent l'enseignement professionnel essentiel sont obligatoires.

Quant aux diverses branches des cours spéciaux, chaque élève, à son entrée à l'Académie, doit faire un choix parmi elles : études historiques, sciences mathématiques ou langues vivantes. Les leçons relatives à la spécialité choisie par un officier sont également obligatoires pour lui. Quant aux autres, il reste libre d'en profiter, mais seulement dans les limites de temps et de moyens dont le cours de son choix et les cours obligatoires lui permettent de disposer. Le nombre de séances obligatoires pour chaque élève pendant la durée de chacune des années d'études, se déduit naturellement de ce qui précède.

§ 4.

Esprit et caractère de l'enseignement

Comme l'Académie de guerre n'est autre chose que la plus élevée des écoles professionnelles militaires, il doit donc exister une connexion intime entre elle et les autres écoles du même genre destinées à procurer l'enseignement préparatoire.

Comme telles, il faut mentionner en première ligne les écoles de guerre. L'organisation de celles-ci les appelle en effet à donner aux aspirants-officiers de toutes armes, en prenant pour base l'instruction générale qu'ils ont acquise avant leur entrée dans l'armée, les notions des sciences militaires qui leur sont nécessaires pour passer l'examen d'officier et pour les mettre en état de remplir les fonctions d'officier subalterne. Elle leur fournit enfin un appui solide pour des études ultérieures.

Le lien le plus direct entre les écoles de guerre et l'Académie, est d'abord le programme même de l'examen d'admission, dont l'étendue, en ce qui concerne les connaissances professionnelles, a été

déterminée précisément, en prenant pour base
l'enseignement qui se donne dans les écoles de
guerre. Et l'on doit d'autant plus chercher à rap-
procher ainsi les méthodes d'enseignement que
les résultats excellents de neuf années d'expérience permettent d'affirmer combien, grâce à la
marche adoptée par les écoles de guerre, on a pu
gagner de temps et obtenir du même coup une
solidité incontestable dans les connaissances acquises, ainsi qu'une conservation remarquable de
l'esprit militaire.

Le caractère essentiel de l'instruction donnée
dans les écoles de guerre consiste dans l'emploi
de la méthode d'enseignement par application et
dans la combinaison des cours théoriques avec
des leçons pratiques, dans lesquelles on apprend
aux élèves à résoudre par eux-mêmes des questions militaires pratiques se rattachant aux matières du cours. Par ce moyen seul, les connaissances théoriques possédées par un officier se
transforment dans sa main en un instrument puis-
sant. Il devient lui-même alors un soldat pratiquement utilisable, et l'on dispose en même temps
d'un criterium infaillible pour juger les élèves,
apprécier la valeur de leurs facultés et leur degré
d'aptitude militaire.

Il ne sera donc que logique d'adapter à l'Académie, pour l'enseignement des sciences militaires, les principes en vigueur dans les écoles de guerre et dans les classes (*ober-prima et selecta*) du cours des cadets, autant du moins que l'organisation de ce corps le permet. On ne voudra pas non plus que l'Académie de guerre n'ait, d'un établissement d'instruction militaire supérieure, que le nom. *L'on tiendra donc avant tout à lui conserver en première ligne le caractère d'une haute école militaire professionnelle.*

Dans le domaine de l'instruction générale, au contraire, on s'efforcera de lui donner le plus possible le cachet d'université militaire. Il peut arriver en effet que, dans certains cas particuliers, quelques natures d'élite trouvent dans le développement même de leur culture intellectuelle une incitation à aborder les études universitaires. On leur en aura ainsi facilité l'accès.

Il est deux moyens auxquels on doit avoir recours de préférence pour rendre aussi fructueux que possible les cours de sciences militaires.

a — Exciter vivement l'attention des auditeurs pendant les leçons.

b — Les exercer beaucoup à agir par eux-mêmes, afin de développer en eux l'aptitude à utiliser pour la pratique de la vie leurs connaissances théoriques. Cela permettra d'ailleurs de pouvoir apprécier à leur juste valeur les mérites de chacun d'eux. *A la guerre, en effet, le fait a le pas sur l'idée, l'action sur la parole, la pratique sur la théorie.*

Il est des branches de l'enseignement dont la nature même comporte une étude analogue à celle de l'histoire ; étude consistant dans le classement méthodique d'un certain nombre de remarques ou de considérations, relatives à des objets naturels, à des êtres vivants, à des points déterminés de l'espace ou du temps, toutes choses qu'on peut comprendre directement sans méditation prolongée.

Ce sont là des connaissances qu'il suffit d'un peu d'attention, de mémoire et d'imagination pour s'assimiler mécaniquement et qu'on peut appliquer plus tard sans difficulté.

Mais quand il s'agit de principes, de vérités et d'abstractions, qui, par leur essence même, constituent des moyens d'atteindre certains buts, ce n'est plus assez de les fixer dans sa mémoire, il faut encore arriver à les comprendre, à en saisir le sens et la signification. Il faut enfin s'efforcer de pénétrer en esprit au plus profond de leur composition intime, si l'on veut parvenir à pouvoir les faire passer soi-même dans le domaine des faits.

On peut avoir entrevu pour un moment une vé-

rité scientifique, il y a loin de là à en posséder
une conception vraiment solide et telle qu'on
puisse au besoin la retrouver au moyen du seul
raisonnement, si l'on venait par hasard à l'oublier. Mais cette conception même n'est pas encore la faculté précieuse qui permet de faire,
des connaissances que l'on possède, une base pour
appuyer ses résolutions, un levier pour les exécuter. Entre ces deux termes, il y a un abîme et
c'est à le faire franchir aux élèves, que doit ten-
dre la méthode d'enseignement, si elle veut conduire à des résultats utiles et mériter vraiment le
nom de méthode pratique.

Mais il ne suffit pas pour cela de dissertations
savantes. *Il faut absolument procéder par application, c'est-à-dire joindre à une leçon théorique
substantielle une étude pratique approfondie du
sujet.* C'est ainsi que l'élève pourra être conduit,
d'abord, à saisir les analogies entre des situations
diverses, et à en tirer des conséquences judicieu-
ses. Plus tard, mais toujours avec l'assistance constante du professeur, il apprendra à appliquer ce
qu'il sait, dans tous les cas fortuits, suivant les circonstances particulières et les nécessités inopinées
qui se présenteront à lui dans le cours de sa carrière. Il arrivera ainsi à manier d'une main sûre
et habile l'instrument dont il est armé, pour ré-

soudre tous les problèmes, en face desquels il peut
se trouver placé.

*Une éducation, dirigée de la sorte, a en outre
l'avantage inappréciable, au point de vue militaire,
de tremper fortement la volonté et, par conséquent,
de conduire au but moral qu'a en vue l'Académie
de guerre.*

*Le sentiment de sécurité que donne le savoir, la
faculté de pouvoir, dans les circonstances extraordinaires, se tirer d'affaire habilement et promp-
tement, finissent par mettre même les caractères
faibles, en état de prendre, dans une conjoncture
difficile, une décision précise et de la mettre pratiquement à exécution.*

*Celui qui sent son ignorance, flotte au contraire
irrésolu et s'abandonne facilement à la démora-
lisation.*

Si l'on veut conserver à l'Académie de guerre
ce caractère de haute école professionnelle militaire, il faut éviter d'élever entre le maître et ses
auditeurs la barrière qui les séparerait forcément
si le premier se contentait de professer. Ces
derniers se trouveraient réduits à écouter sans qu'il
pût s'établir entre eux un échange continuel d'i-
dées. Des objections ont été faites, il est vrai, à
la mise en pratique de ce dernier système, objections qui s'appuyaient sur la position élevée et

l'expérience déjà mûre des officiers qui viennent suivre les cours de l'Académie. Mais la solution naturelle de ces difficultés se trouvera dans l'emploi de la méthode par application et dans le tact réciproque des professeurs et des élèves. Elles disparaîtront comme ont disparu celles qu'on avait jadis opposées à l'introduction des exercices dans les cours libres de la 3º année d'étude, et auxquelles ont victorieusement répondu les résultats remarquables qui en ont été la conséquence.

Toutefois, plus l'Académie, par la nature même de son enseignement et de ses travaux, est au-dessus des écoles de guerre, plus la méthode d'enseignement par application doit s'y maintenir dans une sphère élevée. Si d'une part on doit conserver à l'enseignement un caractère conforme à l'esprit militaire et le diriger surtout dans le sens du développement de l'initiative individuelle, de l'autre, *il ne faut jamais perdre de vue la position des auditeurs et se garder de tout ce qui pourrait en quelque façon les blesser dans leur dignité personnelle.*

Par suite, il est à peine besoin d'ajouter que cet échange de questions et de réponses, qui constitue l'un des procédés de la méthode d'application élémentaire, doit être ici complètement abandonné, comme d'ailleurs, toute espèce d'examen oral.

Les leçons elles-mêmes doivent toujours comprendre autant que possible, l'application directe des théories scientifiques à des cas concrets, leur exposition sur des plans, etc..... Il faudra de plus saisir toutes les occasions qui pourront se présenter dans le cours de l'enseignement, pour introduire dans les leçons de sciences militaires des trois années d'études, quelques unes de ces séances libres dont on a obtenu dans les écoles de guerre de si bons résultats. Dans ces séances, des thèmes particuliers, rentrant dans le cadre des cours, sont proposés aux auditeurs qui doivent *les traiter à l'improviste*. Plusieurs élèves pourront du reste être admis à parler successivement sur le même sujet.

Si, par ces procédés, on parvient à obtenir des élèves une plus grande attention pendant les leçons, il faut, en outre, pour leur ménager aussi les moyens de produire par eux-mêmes, ne pas accélérer outre mesure la marche des cours, s'assurer qu'ils sont toujours compris par l'ensemble des élèves, les éclairer et les seconder dans toutes leurs parties par des applications pratiques bien choisies. C'est seulement à la condition de faire disparaître les barrières, qui, depuis si longtemps, séparent les maîtres des disciples, qu'on parviendra à surmonter la difficulté, dont on se plaint trop souvent, de ne pouvoir porter un jugement exact et certain sur chaque officier pendant son séjour à l'Académie. Dans ce but, les professeurs, auxquels il convient de laisser une entière liberté dans l'emploi du temps et, par suite, dans le choix des moments à consacrer, soit à l'enseignement théorique, soit à ses applications, feront traiter par les élèves des sujets bien choisis, pris parmi es matières du cours. Ces mémoires pourront être exécutés, les uns, en particulier, comme travail à la chambre, les autres, pendant les séances consacrées aux études d'application. Ces exercices ne doivent pas d'ailleurs avoir lieu à des intervalles réguliers, mais se rattacher bien plutôt aux divisions naturelles des cours. *La correction s'en fait au moyen d'observations, placées en marge et destinées à développer la méthode que le professeur aurait suivie lui-même pour résoudre la question, sans que celui-ci doive jamais chercher à imposer ses idées personnelles, et, en évitant avec soin tout ce qui pourrait blesser la dignité personnelle de l'auteur.*

Enfin, pour matérialiser davantage encore les théories militaires et pousser la chose aussi loin qu'il est possible de le faire en temps de paix, il faudra, en dehors des voyages d'état-major de quatorze jours, déjà régulièrement institués, et des levés militaires, organiser encore dans les environs de Berlin des exercices pratiques. Ils consisteront principalement à résoudre sur le terrain des problèmes tactiques particuliers, à exécuter des reconnaissances militaires, à faire des ouvrages de campagne ou de camps retranchés, de fortification et de mise en état de défense d'une gare, etc...

Ces exercices pratiques auront lieu sous la direction du professeur de tactique et avec le concours des professeurs de fortification et des armes de guerre, pour les questions intéressant particulièrement leurs spécialités. Mais on comprend qu'ils ne peuvent avoir d'utilité pratique qu'à la condition de s'appuyer sur une instruction théorique préparatoire, suffisamment développée. Or, comme, pendant les mois d'hiver jusqu'à la fin d'avril, le temps ne permettra généralement pas de s'y livrer au dehors, il est bon de recommander de fixer, pour leur exécution, un jour de chaque semaine des mois de mai et de juin.

Les projets relatifs à ces exercices devront être adressés par les professeurs au directeur de l'Académie, non-seulement pour qu'il y donne son approbation et prenne les dispositions nécessaires, mais aussi, pour lui permettre d'en donner communication au Conseil des études. Il est à désirer, en effet, que les membres de ce Conseil assistent, autant que possible, de temps en temps, à ces exercices.

Il faut encore comprendre, dans la série des instructions pratiques, la visite des établissements militaires techniques des environs de Berlin : fonderie de canons, poudrerie, arsenaux d'artillerie, pyrotechnie, et aussi les fortifications de Spandau, les équipages de pont, etc... Il sera bon enfin de faire assister les élèves aux écoles à feu de l'artillerie et aux exercices de pontage des pionniers.

Toutefois, les applications de ce genre ne comporteront pas la séance de critique mutuelle, à cause des conflits auxquels elle pourrait facilement donner lieu.

C'est par un enseignement pratique ainsi dirigé que l'Académie de guerre pourra conquérir l'estime de l'armée. On ne lui reprochera plus alors, comme on l'a fait quelques fois, d'enlever trop longtemps au service les officiers détachés pour en suivre les cours et de les renvoyer au régiment, chargés d'un bagage théorique inutile.

Si l'on doit reconnaître que l'aptitude militaire d'un officier dépend avant tout de ses qualités naturelles, il est également incontestable que ces qualités resteraient stériles si elles n'étaient fécondées par l'éducation, *car c'est elle seule qui peut apprendre à voir clairement le but qu'il s'agit d'atteindre et à trouver les meilleurs moyens d'y arriver.*

Aussi, dès le 5 juin 1810, la circulaire qui créa l'Académie de guerre recommandait-elle de chercher avant tout à développer l'intelligence et le jugement, et de diriger l'instruction de telle sorte que les officiers fussent obligés de beaucoup réfléchir.

Tous les établissements d'instruction ne pourraient, d'ailleurs, arriver à eux seuls à former des hommes capables d'occuper les postes les plus élevés de la hiérarchie militaire. Il faut avoir été à l'école de la vie et de l'expérience. Les connaissances acquises ne suffisent pas à frayer la voie; il faut encore de longs services et la possession des plus hautes facultés de l'âme.

Depuis la fondation de l'ancienne *École générale de la guerre* (l'Académie de guerre actuelle), la durée des cours d'études est restée invariablement fixée à trois ans, et la sagesse de cette disposition s'est trouvée pleinement justifiée par plus de cinquante années d'expérience. On dispose, en effet ainsi, du temps nécessaire, pour donner aux jeunes officiers une instruction solide et pratiquement utilisable, développer, sans les surmener, leurs facultés intellectuelles et les conduire à maturité complète. Ce but élevé ne peut être atteint que par degrés, car toute culture intellectuelle exige un certain temps pour produire ses fruits.

Quant à la nature des études correspondant à chacune des trois années d'instruction, elle doit être réglée de telle sorte que ces trois périodes se soudent exactement l'une à l'autre, pour former un tout continu, une route sûre, conduisant les élèves du facile et du simple au difficile et au composé, des fondations au faîte, depuis l'agencement des différentes pièces de l'édifice jusqu'à l'achèvement du monument scientifique, chaque année apportant avec elle un nouvel élément d'intérêt militaire.

C'est dans cet esprit qu'il faut répartir les cours entre les trois années d'étude. En outre, on ne doit laisser un officier passer dans une division supérieure que s'il a prouvé, par les résultats obtenus l'année précédente dans toutes les branches de l'enseignement professionnel et dans une au moins des spécialités de l'instruction générale, qu'il ne s'est pas contenté d'assister aux leçons, mais qu'il a su y acquérir une base solide pour l'intelligence des cours plus élevés de l'année suivante. *Ce qui importe, en effet, ce n'est pas tant le nombre des officiers sortant chaque année de l'Académie, mais bien plutôt le degré d'aptitude aux hautes fonctions militaires qu'ils en rappor-*

tent. Qui n'est pas en état d'atteindre ce but élevé, servira plus utilement le roi et la patrie en restant dans les rangs des corps de troupe.

Le programme de l'examen d'entrée est basé précisément sur l'étendue des connaissances acquises dans les écoles de guerre. Il les rattache naturellement à l'Académie, en même temps qu'il fixe à celle-ci un point de départ correspondant, pour ses cours de première année, qui seront surtout consacrés à établir sur une base solide le but élevé qu'on a en vue.

Après s'être assuré par une révision générale, mais sans descendre toutefois à des répétitions d'un caractère trop élémentaire, que les matériaux indispensables à l'établissement de cette base ne font pas défaut, on fécondera le sol ainsi préparé à l'aide d'un enseignement plus élevé, faisant voir les choses de plus haut et ouvrant à l'esprit de nouveaux et plus vastes horizons. Mais les cours de chaque année d'étude doivent être surtout dirigés en vue de ceux de l'année suivante, afin que, le développement des intelligences répondant à la marche progressive de l'enseignement, l'assimilation de celui-ci soit complète et définitive.

La présente instruction ne saurait avoir pour but d'enfermer dans le cadre d'une réglementation étroite, moins justifiable encore sur le terrain intel-

lectuel que sur tout autre, l'intelligence, le talent
et le zèle des professeurs d'un établissement aussi
haut placé que l'Académie de guerre. On s'en tiendra sur ce sujet à ce qui est strictement nécessaire pour permettre d'arriver au but qu'on se
propose d'atteindre. Les dispositions particulières
qui suivent n'ont d'autre objet que d'indiquer à
grands traits le programme des différents cours et
d'assurer ainsi la concordance des efforts de tous
pour la réalisation d'un enseignement systématiquement coordonné. Cela est d'autant plus juste
qu'une étroite connexité rattache les unes aux autres les diverses branches de la science militaire,
qui peuvent servir à tour de rôle, soit de base, soit
d'application.

§ 5.

Les leçons de science militaire

A.

La tactique.

Des leçons de sciences militaires, la tactique est
celle qui a l'importance la plus grande. Il est d'une
nécessité absolue pour l'armée que les officiers qui
fréquentent l'Académie de guerre se familiarisent,

plus qu'ils ne l'ont fait jusque-là, avec la connaissance théorique et pratique des phases diverses du combat, et qu'ils acquièrent les moyens de se retrouver aisément au milieu des dispositions tactiques. En réalité, ce serait une profonde erreur de croire, qu'en raison du cours de tactique déjà fait dans les écoles de guerre et de l'instruction tactique sur le terrain, également reçue par les officiers avant leur entrée à l'Académie, il serait possible de diminuer le temps à consacrer à ces études, au moyen d'une condensation plus grande de toutes les leçons et de la translation du cours de tactique appliquée de la 2ᵉ division dans la 1ʳᵉ.

Il y a donc lieu de consacrer, dans le tableau de travail de la 1ʳᵉ division, quatre heures par semaine à la tactique théorique et à l'étude des troupes. Un même nombre d'heures sera affecté à la tactique appliquée dans l'emploi du temps de la 2ᵉ division.

Le cours de tactique théorique de la 1ʳᵉ division ne doit nullement être une répétition de celui de tactique élémentaire qui a déjà été fait dans les écoles de guerre et dans le *Selekta* et *Ober-Prima* du corps des cadets, et qui a été exécuté pratiquement dans le service journalier pendant la présence au corps. A l'Académie, au contraire, ce cours doit, à l'aide d'une étude universelle et his-

torique, porter sur les principes plus larges des
règlements et de la littérature militaire. Pour un
pareil cours, ce n'est pas seulement le temps qui
fait défaut dans les écoles préparatoires, mais encore la disposition d'esprit des élèves. Ce serait
donc une lacune sensible dans l'enseignement que
de ne pas procéder à une instruction militaire plus
élévée.

Règlements et littérature doivent aller constamment de pair avec la marche successive du cours;
chefs éminents et leurs époques doivent être l'objet d'une étude critique consciencieuse.

Dans ces conditions, l'étude de la tactique théorique sera en mesure d'exciter le plus vif intérêt.

Pour le cours de tactique appliquée, quatre
heures par semaine sont également nécessaires;
mais vouloir joindre ce dernier cours d'une manière progressive à celui de la tactique réglementaire, et dans ce but le faire en 1re division, ce
serait interrompre pour une année entière la liaison organique qui doit exister entre la 1re division
et la 3e; ce serait, d'ailleurs, accumuler trop de
sujets d'études dans la 1re division, et cela au dé-
triment d'une connaissance approfondie.

*La tactique appliquée n'est autre que le combat
et la bataille. La tactique théorique en est la base.*
On la retrouve même encore, quand on les étudie

toutes deux plus tard, à propos de l'exposition de l'histoire de la guerre. Professeurs et auditeurs doivent donc bien se convaincre sans cesse de cette liaison intime au point de vue des résultats.

La tactique appliquée est la plus complète et la meilleure des préparations pour le combat. Au cours de l'enseignement, elle ne doit en aucune façon se limiter à des considérations basées sur la tactique élémentaire. En un mot, il faudra donc éviter avec soin deux écueils : d'un côté, celui d'une leçon par trop élémentaire; de l'autre, celui d'un entraînement à des développements histori-ques trop grands, ce qui tendrait à ne faire de ce cours qu'un cours tronqué d'histoire de la guerre.

Par conséquent, le cours doit rester en liaison intime avec la littérature et l'esprit des peuples et des armées. A l'aide de nombreux exercices prati-ques sur les plans et sur le terrain, il doit exciter au plus haut po'nt l'intérêt des auditeurs, prépa-rer le succès et l'assurer. *Les exercices sur le ter-rain sont particulièrement instructifs.* Les leçons sur la tactique appliquée doivent fournir des aper-çus sérieux sur l'efficacité et l'emploi des diffé-rentes armes; mais il n'y a pas de plan sur lequel le terrain soit assez bien représenté pour que l'on puisse déterminer avec certitude la position spéciale des différentes armes, particulièrement de l'artillerie, et, par suite, déterminer une méthode plutôt qu'une autre.

Il en résulte des points de vue tout différents suivant la lecture du terrain représenté. On devra donc ne négliger aucune occasion, par des travaux sur le terrain, d'exercer les officiers à faire des applications pratiques, à certains cas concrets, des règles qui ont été données.

C'est un devoir urgent de la science de la guerre de rechercher avec le plus grand soin les résultats tactiques des dernières guerres et de les coordonner utilement en vue d'une prochaine lutte. De ce côté s'ouvre donc pour les professeurs de tactique un champ vaste et intéressant, soit pour diriger les études tactiques, soit pour utiliser réglementairement les résultats constatés. Car les réglements sont parfois le renversement historique et certain de toute connaissance tactique.

B.

Histoire de la guerre.

Plus l'expérience de la guerre fait défaut à une armée, plus il importe d'avoir recours à l'histoire

*de la guerre, comme instruction, et comme base
de cette instruction.*

Aussi, bien que l'histoire de la guerre ne soit
nullement en état de remplacer l'expérience acquise, elle peut pourtant la préparer. En paix,
elle devient le vrai moyen d'apprendre la guerre,
de déterminer les principes fixes de l'art de la
guerre et de stimuler l'intérêt pour son étude. Elle
est indubitablement la source immédiate de toutes
les connaissances militaires. Les leçons sur l'histoire de la guerre doivent, tout en conservant
leur but principal, ne pas prendre la forme d'une
simple exposition chronologique des événements
de la guerre, événements qui rentreraient dès lors
dans le cadre d'une leçon d'histoire générale, afin
que les événements de guerre de ces époques présentent plus d'intérêt. De telles leçons peuvent
être utiles pour l'instruction générale d'un officier. Elles sont insuffisantes pour compléter une
instruction militaire.

*Les leçons d'histoire de la guerre doivent retra-
cer les grandes opérations, s'occuper de la conduite des armées et démontrer leur liaison intime
avec l'intelligence de la conduite de la guerre aux
époques précédentes.* Elles doivent enfin, non-seulement représenter toutes ces relations dans un
ensemble saisissant, mais encore faire ressortir les

particularités des combats, des marches, et par-
dessus tout des dispositifs généraux de guerre. Il
s'ensuit qu'il est impossible de séparer les conditions stratégiques des leçons d'histoire de la
guerre, à propos du cours d'une campagne. Cela
irait d'ailleurs à l'encontre du but que l'on se propose, d'organiser un cours spécial de stratégie et
de charger des professeurs différents de l'exposition de la stratégie et des phases diverses d'une
campagne.

Les principes généraux qui doivent servir à une
histoire de la guerre des temps modernes ne peuvent se trouver que dans une histoire de l'art de
la guerre. Mais comme à notre époque le développement de l'action des feux a pris une importance
décisive, il n'y a pas lieu de remonter aux époques
où l'on ne pourrait retrouver de principes carac-
téristiques à utiliser pour la conduite de la guerre.
Cela d'ailleurs pourrait donner une extension in-
définie au cours sur l'histoire de l'art de la guerre.
On peut donc considérer comme suffisant de commencer ces leçons avec le premier emploi réel des
armes à feu dans les combats. Quant à cette étude,
elle ne doit pas se borner à une sèche énumération
chronologique des changements survenus dans les
dispositions tactiques et stratégiques. Elle doit
également donner une peinture chaleureuse des

époques et de leurs conditions, des princes et des peuples, des chefs de guerre et des armées.

Ce cours se fait naturellement dans la 1re division. On lui consacre deux heures par semaine. Il s'arrête à l'avénement de Frédéric le Grand.

Les cours d'histoire de la guerre pour la 2e division font suite au précédent. On y traite, à raison de deux heures par semaine et d'une façon plus condensée et plus approfondie, au point de vue des détails, de la conduite de la guerre au XVIIIe siècle jusqu'à la Révolution française, et principalement des campagnes du grand Frédéric. On y consacre également une leçon sur la stratégie de cette époque.

Viennent ensuite les leçons d'histoire de la guerre de la 3e division. Ils comprennent la conduite de la guerre pendant le XIXe siècle, à partir de la Révolution française.

Elles forment la conclusion de l'instruction que les cours scientifiques de l'Académie de guerre permettent de donner. *On peut donc les considérer avec raison comme le bouquet final.* Elles servent à présenter un résumé instructif et intéressant de tous les principes militaires les plus récents et à fournir leur justification et leur confirmation dernière, d'après le champ inépuisable de l'expérience. *Elles font marcher les auditeurs pas*

*à pas dans la vie même des armées en campagne.
Et plus elles sont présentées sous la forme frap-
pante de tous les éléments psychologiques qui y
coopèrent, plus sûrement on atteint le but de donner une force réelle plus grande au sentiment de la
patrie et du devoir militaire, et de préparer des
cœurs chauds et des têtes froides, en vue du commandement supérieur des troupes et des qualités
qui conviennent pour la conduite actuelle de la
guerre.*

Plus que toute autre leçon, celle-ci offre au professeur une occasion continuelle d'exercer les jeunes officiers oralement et par écrit dans le développement individuel de la faculté de penser et de
la rapidité de décision, puisque le plus petit déran-
gement des conditions tactiques et stratégiques qui
se présentent offre de nombreux sujets de problé-
mes instructifs. L'étendue et la haute importance
de ce cours justifient donc les 6 heures par semaine
qu'on lui consacre.

C.

Étude des armes de guerre.

L'action des armes à feu qui, dans ces derniers

temps, a atteint une puissance impossible à supposer, a déjà exercé une influence considérable
sur la conduite de la guerre. Elle laisse même entrevoir pour la conduite de la guerre à venir des
changements plus importants encore. Aussi est-il
devenu indispensable pour tous les officiers qui
prétendent à une instruction militaire scientifique
de se tenir parfaitement au courant des principes
scientifiques de la théorie des armes à feu actuelles
et de l'état le plus récent de l'action de ces mêmes
armes.

On a donc consacré trois séances par semaine à
ce cours, dans la 1re division. Dans ce but, ce cours
ne doit pas avoir le caractère d'une leçon spéciale
technique sur l'artillerie. Il doit conserver le caractère général d'une étude sur les armes de
guerre. Il faut que, tout en faisant suite à l'enseignement déjà présenté, dans les écoles de guerre,
il donne plus de poids aux principes de cet enseignement au moyen de citations plus autorisées et
qu'il entre également dans autant de détails que
possible, relativement aux petites armes à feu et
aux armes blanches.

Dans l'introduction du cours, il sera bon de donner un aperçu sur les sources les plus importantes des écrits militaires qui ont trait aux différen-

tes branches de l'étude des armes, de manière à faciliter les travaux individuels.

Relativement à la confection de ces armes, il importe d'éviter les détails trop spéciaux. Il ne faut présenter que les particularités distinctives. On obtiendra ce résultat, à l'aide d'un développement historique et de la comparaison des principes généraux actuellement en faveur dans les armées les plus considérables de l'Europe, ainsi qu'avec une exposition de l'état le plus récent du degré de perfectionnement atteint, quant à présent, pour les différentes espèces d'armes dans ces mêmes armées.

Pour les effets du tir, il y a lieu de donner tout le développement désirable aux leçons qui concernent la trajectoire des projectiles, d'après les résultats les plus récents obtenus par la science, ainsi que les essais et les expériences qui sont en cours d'exécution. On y ajoutera un exposé de l'action absolue des armes à feu actuelles, contre les troupes, la terre, les murs, le bois. On signalera également les modifications diverses que le terrain, les particularités du maniement, du transport et de la confection des munitions ont pu exercer sur la partie réellement importante du tir, au point de vue de l'effet absolu.

Ensuite il faut avoir soin de caractériser les

conséquences qui résulteraient de l'emploi certain et plus aisé de petites armes à feu et d'une plus grande mobilité des pièces d'artillerie, eu égard aux principes tactiques adoptés pour une action minima du tir.

Il importe enfin, en se basant sur l'action actuelle des armes à feu, de donner à grands traits un développement historique des rapports numériques et de l'emploi tactique des diverses armes dans les campagnes, les guerres de siége, ainsi que de l'influence qui en résulte pour le caractère de la conduite de la guerre.

D.

Art de la fortification.

Le cours sur l'art de la fortification a droit à deux heures par semaine en 1re division, pour ce qui concerne la fortification de campagne.

En 2e division, on consacre deux heures par semaine à la fortification permanente.

Il est nécessaire de mettre ce cours à la portée de toutes les armes et de lui imprimer tout d'abord le caractère d'une instruction élevée et intéressante. A cet effet, on y comprendra des considérations sur les principes militaires ainsi que des exemples d'application de ce cours, connaissance que les officiers ont déjà puisée aux sources techniques.

Il faut bien se garder de conserver à ce cours une apparence élémentaire et de ne le faire voir que sous son côté purement technique et spécial. Il faut au contraire partir de ce principe qu'on doit rendre le cours utile, à l'aide de citations intéressantes et d'aperçus élevés sur les buts généraux des différentes branches du service des ingénieurs et particulièrement sur l'influence de ces dernières, en vue de la direction de la guerre.

Les leçons et les développements sur l'art de la fortification doivent avoir pour mission de préparer aux combats. Toutes les leçons de ce cours sont donc dans l'obligation de prendre le combat pour objectif constant.

Ce n'est que de cette façon qu'on est en mesure de posséder une base certaine pour le développement rationnel des leçons de fortification. De la sorte, l'idée demeure conséquente et logique, et l'on est alors à même de déduire, des leçons générales sur les guerres et des leçons spéciales au combat, toutes les mesures à prendre dans le service du génie.

L'enseignement devra donner, pour chaque

branche du service du génie, une description succincte de son développement historique, de manière à présenter un ensemble convenable. A chaque moment de la leçon, on joindra la preuve de la pièce justificative historique.

Il faudra guider les auditeurs dans le champ de l'expérience, et cela jusqu'aux époques les plus récentes. On leur fera connaître les changements importants survenus et devenus nécessaires, dans les travaux du génie, par suite de l'emploi des nouvelles armes et de la portée de plus en plus étendue des projectiles.

Il faut enfin tenir compte de l'esprit du règlement, de l'action des nouvelles batteries ainsi que de la manière de les utiliser.

Mais l'influence croissante des armes à feu perfectionnées prend chaque jour une valeur plus grande, relativement au tracé des fortifications. D'autre part, la théorie de l'attaque et de la défense des places n'a pas reçu quant à présent de conclusion précise. Dans ces conditions, on ne devra s'occuper dans ce cours que de l'état momentané de chacun de ces facteurs importants.

Le cours de fortification de campagne doit faciliter la conduite de la guerre, en s'appuyant sur les principes tactiques actuellement acceptés, et

10

sur la liaison étroite qui doit exister entre l'action des armes et la marche du combat.

L'adoption d'armes à feu douées d'une portée plus grande et plus efficace impose maintenant en campagne, et cela bien plus souvent qu'auparavant, l'obligation de faire prendre tactiquement des positions de choix à l'artillerie pour la mettre à couvert du feu supérieur de l'ennemi et d'avoir des abris pour augmenter la sécurité de son propre feu, en vue de la préparation immédiate du combat, soit même, pendant le cours de l'action. Ces abris devront être établis rapidement et sans l'aide de troupes techniques.

C'est donc chose importante pour les officiers de toutes armes d'apprendre à connaître les dispositions, les ressources et les facilités d'exécution possibles en de telles circonstances.

Il leur faut également savoir :

Conduire les travaux de fortification de campagne qui sont du ressort des troupes techniques, et cela dans l'espace de temps le plus court et avec le plus d'économie possible de forces et de moyens ;

Rendre praticables les routes, les passages de pont et les voies ferrées, là où elles ont été détruites ;

Enfin les rendre impraticables, là où cela est utile.

Le cours sur la fortification permanente doit débuter par une exposition des traits principaux essentiels de la fortification passagère en vue d'assurer l'occupation d'un village pour un combat déterminé mais transitoire et qui peut s'y livrer. Il doit ensuite fournir des explications plus complètes sur le but que doit poursuivre la fortification provisoire, de contraindre l'ennemi à une attaque régulière ou à la retraite.

A cela, il faut joindre les principes généraux qui sont de règle pour le choix de l'emplacement tactique et stratégique des forteresses.

E.

Attaque et défense des places.

Le cours sur l'attaque et la défense des places doit s'occuper également de la défense des côtes. Tous les deux ont en effet des points de contact évidents, par leur nature même et les principes matériels qui les dirigent, en raison des changements survenus et acceptés pour la fabrication et de l'action des feux toujours croissante de la marine de guerre actuelle. Ce cours comprendra deux leçons par semaine pour la 3ᵉ année et s'enchaînera naturellement avec le cours sur les armes de guerre et la fortification de campagne de la 1ʳᵉ année, et la leçon sur la fortification permanente et la tactique appliquée de la 2ᵉ année.

Dans ce but, le professeur se mettra en rapport constant avec ceux de ses collègues qui ont été chargés de faire le cours sur la tactique et les armes de guerre.

Dans ce cours, il faut avoir soin d'éviter les détails spéciaux et techniques. Toutefois, le professeur trouvera, dans les leçons qui ont précédé, une mine inépuisable de développements scientifiques. Grâce à eux il sera en mesure *d'aller de l'avant*. Enfin, par suite de leur emploi dans les cas divers qui se sont déjà présentés en guerre, il sera en état de rendre l'intérêt d'autant plus satisfaisant et d'autant plus instructif qu'aucune action de guerre ne repose plus essentiellement sur la force des principes moraux que la guerre de siéges.

Les principes historiques de cette leçon devront être présentés de telle sorte qu'ils n'aient aucun rapport avec ce qui a déjà été l'objet des leçons antérieurement faites. *Enfin, dans l'hypothèse des changements qui menacent la guerre de siège,*

hypothèse qui se fonde sur les modifications ap-
portées à l'action des feux de l'artillerie actuelle,
il faudra éviter également tout ce qui tendrait à
provoquer des aperçus trompeurs sur la faculté
intrinsèque de résistance insuffisante des cons-
tructions de défense qui ont existé jusqu'ici.

F.

Le levé des plans.

L'Académie de guerre a, dans cette leçon, à compléter sa mission de procurer la dernière préparation fondamentale pour les levés topographiques de l'état-major et à former le plus grand nombre d'officiers possible, aptes à exécuter ces travaux indépendants pour le service courant de campagne. Elle devra même faire pousser assez vite cette instruction pour que les officiers n'aient pas besoin d'avoir recours à l'emploi particulier d'hommes spéciaux.

La préparation individuelle à ce cours laisse beaucoup à désirer, bien que dans l'organisation actuelle des écoles de guerre la connaissance du terrain, le levé militaire et le dessin aient été l'objet d'une étude beaucoup plus étendue que cela n'était le cas dans les dernières écoles de division et que cela ne l'est encore aujourd'hui, mais à un degré différent, dans les corps des cadets, à cause des dispositions particulières d'organisation propres à ce corps. De simples exercices de levé ne peuvent pas suffire dans une Académie de guerre. Il sera donc nécessaire d'introduire dans le plan d'études un enseignement scientifique pour cette leçon et d'affecter, par conséquent dans la 2ᵉ année, une heure par semaine au développement d'un cours théorique. Mais si, d'un côté, en raison du but que doivent viser les établissements militaires d'enseignement, il importe de joindre dans leur plan d'études la connaissance du terrain et la théorie du levé, d'un autre côté, il y a lieu dans l'Académie de guerre de faire mieux ressortir encore l'importance pratique d'une connaissance approfondie du terrain, sans en faire pour cela l'objet d'une liaison incidente avec la théorie du levé. C'est pourquoi l'étude du terrain a sa place toute marquée dans la leçon sur la géographie militaire, comme on le démontrera ultérieurement.

La simple habileté mécanique dans le levé ne suffit pas longtemps pour la pratique. Bientôt, en effet, ceux qui ne possèdent que cette qualité rencontrent des difficultés inattendues.

Cette habileté se perd même tout à fait, si elle n'est pas l'objet d'un exercice incessant. Il est d'ailleurs de toute importance, pour l'armée, que l'on trouve, dans les corps de troupe le plus grand nombre d'officiers possible qui soient en état de procéder par eux-mêmes, en campagne, à des levés et à des descriptions de terrain, sans qu'ils aient besoin pour cela d'hommes spéciaux qui soient précisément disponibles, au moment opportun. Ce n'est donc pas, en revenant seulement sur les leçons précédentes, qu'on peut avoir des idées plus complètes sur le but du levé militaire, et acquérir une connaissance approfondie de cette théorie du dessin militaire et de la construction des instruments en usage et des moyens de s'en servir. Mais comme le cours fait dans les écoles de guerre se borne, à cause du défaut de temps, à exposer la méthode du levé à la planchette, en usage dans les états-majors, il y a lieu, à l'Académie, de s'occuper des méthodes et instruments différents, qui sont les plus importants. On poussera même cette instruction assez loin, pour que les officiers acquièrent l'habileté suffisante pour être en mesure, en certains cas, de s'aider eux-mêmes, et de se tirer d'affaire, en vue des nécessités de la guerre, si par hasard les instruments employés ordinairement dans l'armée venaient à faire défaut.

On fera suivre cette leçon d'exercices pratiques de mesure, dans les environs de Berlin. On s'occupera ensuite de l'établissement d'un réseau géométrique, du levé et de la description des détails d'un terrain. Puis, si la sûreté de main nécessaire est suffisamment acquise, on passera, pour se perfectionner dans ce genre d'étude, au levé d'un pays de montagnes déterminé. On commencera par opérer sur un terrain coupé et accessible, mais de moyenne élévation. Car il est reconnu que le levé et la description de terrains peu accidentés présentent de sérieuses difficultés, et que celui qui est en état de les exécutera toutes les facilités pour lever un terrain accidenté.

Enfin, pour achever de se perfectionner dans les procédés de levé du terrain, on devra en exécuter des croquis à vue. On les fera pendant le voyage d'état-major, qui a lieu en troisième année, comme cela sera indiqué ultérieurement. Ce travail sera fait conjointement avec les leçons d'applications tactiques sur le terrain. Il en sera la conclusion.

G.

Le service d'état-major.

Par sa nature même, le cours sur le service

d'état-major doit se faire en 3ᵉ année. On lui con-
sacrera 3 heures par semaine. Tout d'abord les
auditeurs devront se familiariser, par une préparation générale, avec le but de ce service ainsi
qu'avec les principes de son organisation spéciale,
principes basés sur l'organisation d'ensemble de
l'armée. Ils auront ensuite à s'occuper de la constitution des états-majors des principales armées
d'Europe. Quant au cours spécial sur les fonctions
d'état-major en paix et en guerre, pour ce qui
concerne les troupes, il doit, de fait, prendre pour
base générale celui de la *tactique appliquée* de la
2ᵉ année, afin d'en utiliser les résultats, sans néanmoins le recommencer. De cette façon, le service
théorique d'état-major trouve naturellement sa
place dans la leçon qui traite du combat, et l'emploi réglementaire de ces aides zélés du commandement est également expliqué avec toute la clarté
désirable.

Un voyage d'exercice pratique servira de conclusion à ce cours théorique. Il offrira journellement de nombreuses occasions de problèmes tactiques, plus ou moins importants. On devra surtout,
pendant ce voyage, faire résoudre rapidement ces
problèmes sur le terrain, et cela, sous les yeux du
professeur. On joindra enfin à ces questions des
exercices de croquis à vue et l'on fera en sorte de

faire toujours coordonner ces levés et descriptions de terrain avec des dispositifs d'emplacements de troupe.

Le but de l'enseignement topographique n'est pas seulement d'apprendre à fournir une image plus ou moins réussie d'un espace de terrain donné; il doit avant tout permettre d'acquérir la rapidité de l'appréciation nette et juste du terrain, car cette qualité d'appréciation est tout particulièrement importante pour les officiers d'état-major et les généraux.

Comme perfectionnement des aptitudes acquises en 2ᵉ année et de l'habileté dans le levé militaire, il faut profiter des voyages d'état-major de 3ᵉ année, pour s'habituer à représenter le terrain, au moyen de croquis à vue. Dans ce voyage, on doit d'ailleurs s'occuper également des problèmes de tactique sur le terrain et des solutions dont ils sont susceptibles. C'est dans cette intention qu'ils doivent se faire, autant que les circonstances le permettent, en pays de montagne varié. De cette façon, l'on sera en mesure d'obtenir effectivement et sûrement des résultats plus complets et plus spéciaux, à l'aide de ces reconnaissances, levés, soit à la planchette et la boussole, soit à vue, etc...

Ces questions d'exercices militaires procurent

également le moyen le plus efficace pour permet-
tre d'apprécier avec certitude, grâce à de tels pro-
blèmes, ceux des officiers qui jusque-là se sont
fait connaître comme les plus éminents dans les
travaux théoriques. Ces questions d'ailleurs donnent plus d'autorité ; ils augmentent la confiance :
or, cela ne peut s'obtenir qu'en remplissant de
pareilles fonctions dans les voyages d'état-major.
D'ailleurs ce n'est que par cette méthode que la
solidité des connaissances et la rapidité de jugement des officiers pourront se produire et s'imposer.

H.

Exercices, en cours libres, sur des thèmes mili-
taires choisis.

Les nombreuses objections qui furent émises à
propos de l'introduction d'un cours libre, en 1859,
ont été complétement détruits par une expérience
brillante de huit années. Elles ont confirmé au
contraire l'avantage de l'adoption de ce cours
dans le nouveau plan d'études de là 3e division et
de l'obligation de le confier au professeur d'histoire de la guerre pour l'époque moderne.

Chaque officier trouve dans le domaine de son service de nombreuses occasions d'exprimer librement ses pensées d'une façon plus ou moins étendue. Mais même un talent original a besoin de plus de facilité pour s'y habituer et pour acquérir la concision, la clarté, la décision, la logique, ainsi que la netteté et la force dans l'expression.

Or, il ne s'agit pas seulement, en introduisant dans la 3e année ces cours libres volontaires, d'installer des exercices oratoires; on a surtout la pensée beaucoup plus sérieuse d'aider à l'éducation militaire des officiers de toutes armes, en leur fournissant l'occasion de sujets nombreux à étudier, au moyen de questions militaires. On veut ainsi, grâce à des travaux laissés au choix des officiers à la fin de la 3e année, compléter leurs facultés d'intelligence et donner une direction particulière à leurs connaissances militaires, conformément à leurs aptitudes personnelles, d'une manière analogue à ce qui se fait actuellement avant l'entrée à l'Académie, pour les travaux facultatifs qu'exécutent les officiers en vue de leur admission.

Ces leçons doivent être faites par le professeur auquel est confiée la plus importante des leçons, c'est-à-dire le cours sur la conduite de la guerre au XIXe siècle. C'est donc au moment où les pro-

grès de l'enseignement de 3ᵉ année permettent de
considérer comme utile le commencement de ces
exercices pratiques, qu'il y a lieu d'y consacrer
une des six heures par semaine, réservées pour la
leçon sur la conduite de la guerre.

La participation à ce cours ainsi que le choix
des sujets à traiter sont laissés à la disposition
des officiers. Néanmoins, ces derniers doivent
soumettre chaque fois le sujet choisi à la sanction du professeur. De cette façon, celui-ci sera en
mesure de pouvoir concourir à une bonne direction, par ses encouragements et ses conseils.
*Quelqu'un qui n'est pas suffisamment préparé, ne
doit pas parler.*

Il importe essentiellement d'assurer la signification pratique de ces exercices et de stimuler le zèle
des officiers, en vue des études approfondies qu'ils
préfèrent. Il faut également ouvrir un champ
libre au développement des idées personnelles, de
manière à permettre de pouvoir reconnaître l'aptitude militaire et l'initiative de chaque officier, en
raison de la force et de la clarté qui se sont fait
jour dans les opinions émises, et de la richesse
des idées qu'il aura développées.

C'est pourquoi le choix du sujet de la leçon doit
être fait d'après l'état des connaissances militaires
de l'officier, à condition qu'il possède bien ses rè-

glements et qu'il évite toutes les spéculations purement théoriques. En général, on doit choisir de préférence des questions historiques de guerre, mais ceci n'est pourtant pas une raison pour exclure d'une façon absolue les questions militaires qui sont d'un intérêt général et d'une importance pratique.

La critique de chaque leçon ne doit être faite que par le professeur.

En outre des éclaircissements nécessaires, ce dernier devra surtout faire ressortir le côté pratique des questions, auquel le sujet présenté aura donné lieu.

Il faudra aussi, bien faire comprendre que les facultés naturelles de l'intelligence qui donnent à la science sa consécration et sa signification réelles, correspondent aux moments idéaux et moraux de l'armée. *Il faudra également faire saisir la liaison qui existe entre l'existence militaire de l'officier et la somme de connaissances qu'il a su acquérir. Ce n'est, en effet, que grâce à cette base morale, à cette tendance vers des buts plus élevés, à cette application constante de ses forces intellectuelles et physiques que l'officier devient apte à satisfaire à sa mission de chef militaire, dans toutes les positions qu'il est appelé à occuper.*

I.

Géographie militaire.

Cette partie de l'enseignement militaire nécessite absolument la possession de certaines notions précises qui sont du domaine de la géographie. C'est pourquoi on a dû faire, à l'Académie de guerre, un cours de géographie militaire spéciale. *On peut appeler la géographie, l'œil de l'histoire, de même que la géographie militaire est essentiellement l'œil de l'histoire de la guerre.* Elle devient une préparation pleine d'enseignements, pour l'étude de l'histoire de la guerre et pour l'appréciation pratique de tous les détails du terrain, qui sont d'une telle importance pour la pratique de la guerre. C'est donc une des parties les plus importantes de l'instruction militaire spéciale. C'est pourquoi quatre heures par semaine ont été consacrées à cette étude, en deuxième année. Elle est d'ailleurs indispensable pour la préparation au service d'état-major, parce qu'elle est en rapport intime avec l'histoire de la guerre, la connaissance militaire du terrain, et, par conséquent, la tactique. *Il est, en effet, impossible de comprendre l'histoire de la guerre, sans posséder des éléments géographiques suffisants.*

Dans les plans d'opérations de ces temps-ci, l'élément géographique entrera d'une façon plus ou moins décisive. Car, mouvements et directions de troupes dépendent de la nature du terrain, de la viabilité, de la puissance productive du sol, des dispositions sociales et politiques des peuples, de leur activité commerciale, de leur organisation administrative et militaire, bref, de tout ce qui intéresse les opérations de guerre. La géographie militaire a donc à s'occuper, de la situation particulière de chaque pays, pour ce qui concerne sa situation historique et géographique, son système orographique et hydrographique, l'importance et la facilité des communications naturelles et artificielles, au point de vue de la guerre ; de son caractère climatérique et territorial, de sa culture physique, technique et morale, de sa constitution et de son administration, de son organisation, des travaux militaires qui s'y font et par-dessus tout de sa force défensive. Mais la géographie militaire ne doit pas se perdre dans des détails qui conviennent aux cours de *tactique appliquée* et du *service d'état-major*, et qui ont été, du reste, l'objet de travaux indépendants dans les dernières leçons sur le levé du terrain. Elle doit se borner à donner à grands traits un aperçu élevé d'une connaissance scientifique sérieuse du terrain, connaissance qui rentre dans le domaine de la géognosie, afin d'exercer le coup d'œil des officiers, en vue des reconnaissances et de l'orientation et de pouvoir permettre de reconnaître les points d'appui naturels d'un terrain, à l'aide de la notion parfaite des particularités spéciales à ce terrain, points d'appui qui du reste n'apparaissent pas comme l'œuvre du hasard, mais comme le produit de lois de la nature. *De la sorte, on procédera avec sûreté du connu à l'inconnu; et on ne sera plus exposé à s'en remettre au hasard pour savoir tirer parti d'un terrain.* C'est donc par ce moyen qu'on se préparera sérieusement aux reconnaissances. Car plus un terrain inconnu doit être jugé rapidement, plus il importe d'en apprécier aussitôt les particularités saillantes et de le comparer à des terrains connus et dans des conditions analogues.

L'œil doit donc être d'autant plus exercé à saisir les particularités et à les apprécier à l'aide de simples questions, qu'on ne pourra souvent, ni voir le terrain ni l'examiner soi-même.

La géographie militaire doit ensuite se servir des formes géologiques, pour en extraire les principes tactiques et leurs conséquences. *Elle doit enfin accoutumer les officiers à ne pas lire les cartes*

*sans profit, mais au contraire à savoir en tirer
bon parti.*

Grâce à l'enseignement du levé, la compréhension de la carte ne sera plus une affaire mécanique. On aura ainsi su acquérir la faculté de s'en faire une idée exacte. *Mais l'étude de la géographie militaire est impossible sans pratique et sans appréciation critique du terrain.* C'est pourquoi il y aura lieu de pousser activement cet enseignement, relativement aux dispositions, emploi et compréhension des cartes, *car cet enseignement est seul en état d'assurer l'usage utile des cartes et par conséquent l'emploi avantageux de cette branche importante des connaissances militaires.*

Lorsque l'usage pratique de cartes aura été acquis à l'aide des exercices théoriques, il y aura lieu de bien faire comprendre *les rapports de la géographie avec la conduite de la guerre.* De cette façon, on pourra utiliser les connaissances acquises pour l'application éventuelle des principes admis, grâce à l'examen détaillé du théâtre de la guerre et aux exemples des influences décisives qui en sont résultées dans certaines circonstances saillantes, influences que la configuration du terrain et les divisions de culture ont exercées en général sur la direction des opérations et en particulier sur des cas déterminés. Enfin il y a lieu de

choisir des théâtres de guerre suffisamment instructifs, mais de préférence on s'occupera de ceux
qui, par leur situation, peuvent se rapporter autant que possible *à la conduite de la guerre sur le
terrain national*.

K.

Administration militaire.

La partie essentielle de la plupart des dispositions administratives qu'il importe de faire connaître aux officiers de l'armée, dépend des changements survenus dans l'organisation récente de
l'armée. Il en est résulté de nouvelles et nombreuses obligations, pour le service de l'officier, que
ce dernier agisse comme comptable, curateur et
inspecteur des fonds, des magasins, des caserne-
ments et des infirmeries, ou que ce soit au point
de vue des commissions d'habillement et d'ordinaire ou des approvisionnements de vivres et de
fourrages. Pour toutes les fonctions administratives qui ont trait au service habituel des troupes
et des garnisons, l'officier a besoin d'un résumé
général de connaissances techniques et administratives. Or, il a déjà eu tout le temps voulu de se

mettre au courant, dans le cours de son instruction, s'il a été appelé de suite à l'une de ces fonctions administratives, ou s'il a occupé des positions, grâce auxquelles, comme c'est le cas pour l'Etat-major, il a eu l'occasion de voir l'administration de l'armée sous un point de vue élevé, ou s'il s'est trouvé en rapport avec des employés civils chargés de fonctions de cette sorte, plus ou moins considérables.

Le passage du pied de paix au pied de guerre démontre la nécessité d'une connaissance approfondie de l'administration militaire. En effet, en raison de l'extension qu'ont prise les devoirs administratifs inconnus jusqu'ici, en raison de la plus grande indépendance d'action que ce service exige, il importe d'exercer un développement plus considérable de cette activité administrative.

A l'Académie de guerre, on n'a pu trouver le temps de disposer d'une leçon complète pour cette question. Il est pourtant d'une utilité essentielle de donner, sous une forme générale, un aperçu suffisant et une notion claire de l'administration militaire et de ses divisions principales en paix et en guerre. C'est pourquoi, jusqu'à ce qu'une expérience prochaine démontre la possibilité d'autres combinaisons, il est à souhaiter qu'on puisse consacrer une heure par semaine pour la deuxième

année à cette leçon, d'autant plus que l'intercala-
tion de cet enseignement élevé sur l'administration militaire dans un autre cours rencontre de
sérieuses difficultés.

L.

*Résumé du mouvement général à imprimer à cet
enseignement militaire.*

Grâce aux dispositions adoptées dans le programme d'études, en ce qui concerne les leçons
de science militaire, on doit arriver à un avancement général tel que la connaissance la plus complète possible de la guerre, sous le rapport de la
science et de la puissance, puisse être donnée con-
sciencieusement et clairement aux officiers qui
fréquentent l'Académie de guerre.

Il est aussi important qu'honorable d'agir en
vue de ce but élevé.

*Dans chaque leçon on doit avoir cette idée pour
guide, qu'en guerre toutes les facultés de l'officier
arrivent nécessairement à leur plus haut développe-
pement. Le but moral de cette instruction est dans
le savoir et l'énergie.*

La guerre concentre tous les efforts de l'officier

en un seul foyer et lui ouvre un libre champ pour accomplir, en tout temps et à propos de tout, ses devoirs civils et patriotiques.

La préparation à la guerre ne peut être jamais faite assez sérieusement ni assez gravement, car elle forme l'essence même de l'armée. On l'a continuellement en vue sur tous les terrains d'exercices; il importe donc aussi que, à l'Académie de guerre, elle soit également l'objet de toute l'attention pour la direction spéciale à imprimer aux connaissances militaires, en vue de l'accomplissment des devoirs que chaque officier se trouve avoir à remplir fidèlement, à l'égard de notre souverain, en l'honneur de l'armée, et pour le bien du pays.

§ 6.

Les leçons d'enseignement spécial

A.

Mathématiques.

Parmi les matières d'enseignement de l'instruction spéciale qui ont, pour le fond et pour la forme, une importance universelle, les langues anciennes et les mathématiques occupent sans contredit le premier rang. Les mathématiques procurent aussi cette instruction scientifique spéciale, dont on a besoin pour pouvoir comprendre et utiliser le cours systématique de science militaire. Dès lors, on doit donc exiger que chacun de ceux qui veulent s'y adonner, pousse ses études aussi loin que cela est nécessaire, pour lui permettre d'en faire un usage rationnel. C'est pourquoi, conformément à l'idée générale du programme de l'Académie de guerre, il faut demander, comme minimum d'acquis, que chaque officier, fréquentant l'Académie, possède des connaissances sérieuses et certaines dans les parties élémentaires des mathématiques, qui formeront le cours de première année. Cette instruction mathématique que les officiers ont reçue avant leur entrée dans l'armée est reconnue comme incomplète et illusoire, parce qu'elle résulte d'un enseignement fait sans méthode et sans préparation scientifique. Cet enseignement, en effet, a embrassé principalement une série de questions tout à fait spéciales, en vue de l'examen de porte-épée fæhnrich. Il n'a fait ni pénétrer dans l'esprit de la science, ni surgir les occasions suffisantes de réflexion. Il a simplement obtenu ce résultat, que beaucoup n'ont fait qu'apprendre par cœur, qu'il a empêché d'avancer ceux qui étaient doués d'une activité grande, fatigué les studieux et épouvanté les nonchalants, par suite de la masse des sujets à élucider. La conséquence naturelle d'un pareil enseignement mathématique est que le labyrinthe des détails, où il se perd, est bien vite oublié. Aussi, qu'arrive-t-il, c'est que, lorsqu'on est obligé de pousser toujours plus avant dans cet enseignement, on aboutit à cet état où chaque pas devient un effroi.

C'est, dans la faiblesse de l'enseignement mathématique et dans la nécessité d'efforts extraornaires à faire pour atteindre à un résultat favorable, grâce à la nature d'une leçon qui ne veut pas de demi-participation et qui rend impossible tout progrès ultérieur pour celui qui ne suit pas le fil des cours avec l'attention la plus soutenue; c'est dans ces raisons, disons-nous, qu'il faut reconnaître la principale cause de la résistance opposée par tant d'officiers, aussitôt après leur nomination, pour se livrer aux études mathématiques. Cette négligence peut être atténuée au moyen d'un enseignement de cette nature, fait à l'Académie de guerre par des professeurs spéciaux. Cet enseignement devra donc être en état de procurer, à l'aide d'une méthode ingénieuse, une vitalité nouvelle aux études mathématiques, et d'assurer une instruction solide. Grâce à cet enseignement, chacun, d'ailleurs, pourra savoir s'il a lui-même le goût et les aptitudes nécessaires pour cette partie des sciences militaires.

Pour obtenir ce résultat, il faut admettre comme indispensable que ce programme d'enseignement mathématique de la première année comprendra une récapitulation complète des éléments mathématiques. Par contre, la méthode de cet enseignement devra être réglée de telle sorte que ce cours excite un vif intérêt chez les auditeurs, et qu'il les encourage à prendre du goût pour une science destinée à pénétrer chaque jour plus pro-

fondément dans les lois de la nature. Dans ce but,
cet enseignement doit éviter les questions techniques isolées et fournir le moyen rapide d'appliquer la théorie, en vue de la solution de divers
problèmes usuels et même de tous les groupes de
questions pratiques. Pour ces exercices, il faut
régler le nombre d'heures d'application, de façon
que l'attention des auditeurs ne soit pas diminuée,
si le nombre des auditeurs est trop grand et l'instruction trop coupée, pour que le professeur
puisse être en état, par de simples leçons, de combler les lacunes existant dans les connaissances
des officiers.

En raison des observations qui précèdent, il
importe de bien spécifier que l'enseignement mathématique doit être obligatoire en première année pour tous les officiers qui fréquentent l'Académie. Du reste, cette spécification demande encore
quelques réflexions particulières. La sécurité et,
par contre aussi, l'habileté dans le levé militaire
reposent sur une connaissance approfondie de
cette partie de la géométrie.

*L'habileté mécanique peut sans doute s'acquérir
sans cette connaissance, mais elle ne suffit pas
dans la pratique, parce qu'elle laisse l'officier
dans l'embarras, dès que des difficultés inattendues surgissent, et même elle devient tout à fait*

illusoire, si l'officier ne s'est pas entretenu par un exercice incessant. Le défaut de connaissances en géométrie tient aux obstacles essentiels qui jusqu'ici ont été opposés au perfectionnement approfondi dans le levé militaire.

Aucun enseignement dans cette leçon ne peut procurer la liberté d'action suffisante pour la pratique, si l'on n'a pas des connaissances militaires.

Des principes suffisants pour acquérir l'indépendance désirable d'action sont nécessaires, non-seulement pour prendre part aux travaux topographiques de l'état-major, mais encore, pour faire face aux nécessités possibles des services de guerre, d'autant qu'il faut trouver le plus d'officiers de troupe possible, possédant une connaissance et une habileté d'exécution assez grandes pour être en état de pouvoir mener à bonne fin et avec sûreté des travaux indépendants.

Enfin, c'est une absolue nécessité pour l'armée d'avoir aussi des officiers qui fassent leur carrière de l'étude des mathématiques. Dans ce but, l'usage méthodique de toute la série des cours d'instruction mathématique de l'Académie est incontestablement de nature à procurer cette instruction; mais on trouverait à peine un nombre suffisant d'officiers de l'Académie, si on leur laissait la faculté de vouloir ou de ne pas vouloir prendre part à cet enseignement de 1re année, qui comprend les principes mathématiques et qui procure une préparation convenable pour l'enseignement des années suivantes. Il est également hors de doute que le goût et le don de l'étude des mathématiques sont fort variables. L'autorité supérieure ne devra donc pas oublier d'obliger les auditeurs, grâce à l'organisation de l'Académie, à exercer leurs dispositions aussi loin que possible dans le domaine des mathématiques, puisque cette science s'applique intimement aux sciences militaires. D'ailleurs, un établissement d'instruction de cette valeur ne doit pas déchoir par suite de l'acceptation d'un enseignement pratique qui n'aurait pas la science pour base.

L'enseignement mathématique en 1re année doit donc être un cours fondamental; par conséquent, il est obligatoire pour tous les officiers entré à l'Académie de guerre, en raison des motifs développés plus haut. Pour ce qui regarde la nature de la leçon, c'est à l'initiative personnelle du professeur de s'assurer de la valeur de chacun de ses auditeurs, soit qu'il s'agisse de reconnaître et de pousser des talents tout particuliers, soit qu'il s'agisse de n'envisager que le côté pratique, afin de mettre les élèves les moins doués à même d'y acquérir des connaissances suffisantes; c'est en même temps à lui, de profiter des connaissances acquises, et cela aussi loin que possible, en vue de développements pratiques du domaine des sciences de la guerre, tout en réglant le tout d'après les progrès des auditeurs.

On consacre à ce cours six heures de leçon par semaine; mais comme le grand nombre des auditeurs ne permet pas de les réunir dans une seule classe, on y ajoute trois autres heures d'application par semaine, ce qui fait par conséquent un total de neuf heures par semaine pour les mathématiques.

Ce cours doit commencer par un rapide aperçu historique sur le développement des sciences mathématiques et sur l'ensemble des connaissances qu'embrasse cet enseignement à l'Académie de guerre.

Il doit ensuite présenter à grands traits les mathématiques élémentaires et jusqu'au calcul différentiel, ainsi que cette partie dont la connaissance a déjà été acquise pour l'examen de porte-épée fæhnrich. En arithmétique, il traitera des équations du premier et du second degré; en géométrie, de la trigonométrie sphérique. Enfin, pour préparer au cours de deuxième année, il terminera par l'exposé de la géométrie analytique, des courbes du 2ᵉ degré, etc.

Tous les professeurs de mathématiques commenceront successivement et alternativement leurs leçons par le cours de première année, de manière à continuer cette série progressive pendant les deux années suivantes.

Cet ordre est absolument nécessaire pour obtenir une harmonie, qu'il serait impossible d'avoir, si la répartition de l'enseignement des mathématiques en trois années séparées correspondait à des professeurs différents. Ceux de la dernière année, en effet, n'ont guère rien à changer aux vues et aux plans d'étude de leurs collègues.

Bien que les leçons de mathématiques des deuxième et troisième années forment une continuité rigoureuse avec celles de la première année, on n'a pourtant pas cru convenable de les déclarer obligatoires comme celles de la première division. En effet, c'est uniquement d'après les résultats de la première année, qu'on peut s'assurer exactement si l'on possède les dispositions intellectuelles et spéciales, qui sont nécessaires pour ce genre de travaux, et si on y a du goût, car, sans ces aptitudes, ces études deviennent tout à fait infructueuses. C'est pourquoi, la participation à l'enseignement mathématique de la 2° et de la 3° division sera complètement facultative.

En deuxième année, on réserve six heures par

semaine pour les leçons et l'application. Ce cours
doit comprendre le calcul intégral et différentiel,
ses applications aux courbes, aux surfaces planes,
aux corps solides, et comme conclusion, les éléments du calcul de probabilité et les équations. Dans
la leçon sur les courbes, on doit porter une attention toute particulière sur la trajectoire des projectiles, ainsi que sur les connaissances pour la
géodésie (3ᵉ année) et pour la compréhension de
la mécanique analytique.

On consacre également en troisième année six
heures de leçon et d'application à l'enseignement
mathématique. Ce cours a trait à la statique, à la
dynamique, à leurs applications, surtout pour ce
qui concerne les sciences militaires. On y joindra
des considérations spéciales :

1° Sur la balistique, les obus percutants, leurs
centres de gravité, les rayures, les charges, etc.

2° Sur la détermination scientifique des moyens
d'action des projectiles creux contre les buts iner-
tes (par exemple, les blindages, les vaisseaux
blindés), sur les principes importants des forces
vives et sur leur emploi judicieux.

On donnera ensuite quelques notions des applications qui sont du ressort des sciences militaires,
tels que le pendule balistique, les reculs, etc.

B.

Géodésie.

Trois heures par semaine sont réservées à la géodésie, en troisième année. De même que pour l'enseignement mathématique des deuxième et troisième années, liberté complète est donnée aux officiers pour y participer.

Cet enseignement commencera par une exposition préliminaire du but général de la géodésie et de son application. On s'occupera ensuite de la géodésie théorique, puis de la géodésie pratique, sans pour cela trop s'appesantir sur la partie technique en donnant un développement trop étendu à la géodésie théorique et à ses formules mathématiques, à propos des méthodes d'observation et des instruments. A la fin, on donnera quelques notions du mètre, du méridien et de la projection des cartes.

C.

Histoire et géographie.

Une place importante a dû être réservée à l'étude de l'histoire et de la géographie dans le plan d'études de l'Académie de guerre, au milieu des leçons destinées à la préparation militaire spéciale. En effet, cette étude se rattache à tout ce qui se passe dans le monde, et il est impossible de formuler sans elle, soit une pensée générale, soit une idée complète, parce que ces deux leçons apparaissent comme les principes fondamentaux et les appuis indispensables d'une instruction parfaite. Mais ces cours de l'Académie doivent conserver le caractère d'un haut établissement d'instruction. Ils ne doivent, ni quant à la forme, ni quant au fond, aborder des sujets qui ne correspondent pas à la mission d'une Académie militaire, en vue du développemeut de l'initiative des officiers.

AA.

Histoire.

A.

Histoire générale.

L'état scientifique que le plus grand nombre des jeunes officiers possèdent en fait d'histoire, à leur entrée à l'Académie de guerre, par suite des principes de l'enseignement qu'ils ont reçu jusquelà, se borne à la connaissance mnémotechnique d'un certain nombre de faits. Les leçons d'histoire à l'Académie de guerre ont donc à poursuivre le but d'amener cet état inférieur à un degré plus élevé.

Dans ces conditions :

1° Ces leçons permettront à l'intelligence, telle qu'elle se manifeste dans les libres actions de l'homme et dans ses rapports avec Dieu, de se développer sous ses formes les plus essentielles et dans toute sa puissance. C'est, en effet, grâce à cette puissance que l'intelligence, procédant avec ordre et ensemble, arrive à classer chaque événement nouveau dans la grande loi du développement historique et à donner à l'histoire son véritable caractère, celui d'un rajeunissement incessant et d'une continuité indissoluble.

2° Elles représenteront l'avenir dans ses moments essentiels et l'éclaireront à l'aide du passé. Pour conclusion, tout en laissant de côté le domaine de la polémique politique et l'examen de la situation présente, elles feront pressentir la voie à suivre, fait d'une importance capitale pour un établissement d'instruction, qui a pour but de procurer une préparation scientifique en vue de la vie active, qui est pratique et qui se meut en dehors des questions de la politique intérieure.

Les leçons d'histoire se font pendant deux années, la première et la seconde. Le cours de la première année comprendra quatre leçons par semaine. On s'y occupera de l'histoire ancienne qu'on envisagera sous le rapport de la succession des institutions religieuses, des organisations sociales et de l'enchaînement régulier des faits. On abordera ensuite l'histoire du moyen âge. On s'étendra sur l'histoire de ces peuples qui se sont répandus sur tous les points du globe, comme les victorieux champions du christianisme et les propagateurs des vérités chrétiennes, ainsi que de la science et de la liberté qui en sont les conséquences naturelles. Quatre heures par semaine seront réservées au cours d'histoire de la deuxième année. On y traitera de l'histoire moderne qui ne concerne exclusivement que les peuples de l'Europe dont la conversion au christianisme et l'organisation en société ont été accomplies pendant le moyen âge, et dont les transformations et les groupements ont donné lieu au développement du système politique européen. On y joindra l'histoire actuelle avec sa constitution politique dominante, sa puissante unité religieuse, ses tendances

politiques et les aspirations qui doivent vraisem-
blablement la diriger dans l'avenir.

Dans le cours des histoires moderne et actuelle,
il importe de s'occuper spécialement de l'histoire
nationale. Il faut surtout expliquer comment
l'État de Prusse-Brandebourg a pris rang parmi
les puissances européennes, grâce à l'intelligence
de ses princes, à l'énergie et aux sacrifices patriotiques du peuple. C'est dans cet ordre d'idées
qu'on présentera l'histoire de la guerre en
deuxième année et surtout en troisième année, en
y ajoutant un aperçu plus précis du développement
de l'État prussien et de sa force d'expansion.

Une connaissance approfondie de l'histoire représente une partie si complète d'une éducation
générale scientifique, que la non-participation à
ce cours doit entraîner forcément la déchéance, à
moins que celui qui ne le suit pas n'ait acquis déjà
ailleurs ces connaissances historiques. Il demeure
pourtant bien entendu que le droit d'assister à ces
leçons est complétement laissé à la libre volonté
des officiers.

B.

Histoire de la littérature.

Un cours sur l'histoire de la littérature, à raison de quatre heures par semaine, dans la troisième année, se rattache à celui de l'histoire générale de la première année et en forme une sorte de complément. Cette histoire représente en effet l'une des parties de l'histoire générale; mais elle se distingue des autres par une forme spéciale, la littérature.

Le cours a pour mission de présenter le développement intellectuel de l'humanité depuis l'époque de son apparition, dans les œuvres littéraires de chaque peuple. Il doit montrer également ce développement, en raison des nationalités particulières dont le langage et la littérature sont les véritables expressions, ainsi qu'en raison de l'esthétique générale qui se manifeste dans les œuvres artistiques. En cela, il faut envisager l'idée dominante qui a présidé aux productions littéraires et montrer comment l'état intellectuel des peuples ressort des chefs-d'œuvre qu'ils ont produits. Ensuite, en ce qui concerne la littérature moderne, on portera une attention toute spéciale sur le développement intellectuel de l'Allemagne depuis le milieu du xviiie siècle, parce qu'il est l'expression de notre éducation présente et qu'il peut aider d'autant plus à faire comprendre notre époque et les idées qui y règnent, et qu'aujourd'hui précisément l'action réciproque de la littérature et de la politique a acquis une importance qui ne fait que s'accroître chaque jour.

La participation à ce cours est complétement facultative.

C'.

Histoire de la philosophie.

Dans le dernier plan d'études de l'Académie de guerre, on avait réservé un cours à la logique, afin de familiariser les auditeurs avec les idées générales et les formes à donner à leurs pensées, et pour les exercer à se mouvoir au milieu d'idées abstraites, sans sujet tangible, ce qui a toujours lieu dans les mathématiques.

Mais, après un examen sérieux de tout ce qui se rapporte à cette question, on a acquis la conviction que la situation personnelle, sociale et individuelle de chaque officier lui avait fait dépasser de beaucoup les limites assignées aux études logiques, d'autant que cet officier, depuis plusieurs années déjà consacrées à un service où sa responsabilité s'exerçait, avait appris à connaître le côté sérieux de la vie, s'était formé et avait pu développer ainsi l'individualité de son caractère. Cependant, il n'a pas paru juste d'exclure toute leçon philosophique d'un établissement militaire de cette importance. C'est pourquoi l'introduction d'un cours sur l'histoire de la philosophie a été considérée comme correspondant le mieux à l'avancement d'une instruction générale. En effet, grâce à ce cours, on se trouvera à même, non-seulement de se faire une idée de l'étendue des travaux intellectuels dus aux philosophes de tous les temps, mais encore de juger de plus haut l'histoire du monde, sur la marche progressive duquel la philosophie a exercé une influence si essentielle.

C'est pourquoi le cours doit principalement se borner à une exposition historique de ces nombreux travaux de l'intelligence. Dans cet exposé, on s'occupera moins des philosophes et de leurs opinions, que des divisions principales de toutes ces époques et des systèmes qui en ont été l'expression dominante. On fera ressortir d'une façon aussi claire que possible l'effort constant de la faculté de penser de l'homme vers la recherche de l'origine de son être; on fera voir comment chaque époque et chaque peuple ont eu leur philosophie propre, aussi bien que leur histoire particulière, et quel a été le rôle joué par l'histoire de la philosophie au point de vue de l'utilité à en retirer pour les sciences historiques elles-mêmes. Comme conclusion, on donnera un aperçu général des sciences philosophiques.

Tout d'abord, on avait consacré à ce cours trois heures par semaine, mais les expériences de la première année ont démontré que cette leçon était loin d'exercer, pour les auditeurs, une influence durable et décisive sur leur manière de juger le monde et l'existence. Elles ont prouvé également qu'un petit nombre d'officiers seulement possédaient l'instruction nécessaire pour pouvoir suivre ce cours avec une utilité réelle.

Cet état de choses a conduit à conclure que, sur trois heures consacrées à ce cours en troisième année, il y avait lieu d'en conserver deux et d'affecter la troisième à un cours de deuxième année.

BB.

Géographie.

Les cours de géographie générale et de géographie physique ont été répartis dans la première année, sans se préoccuper de les rattacher immédiatement aux leçons des deuxième et troisième années. En effet, ces deux sujets de leçons forment, sans rien avoir égard aux devoirs particuliers de l'armée, une partie si importante en elle-même d'une instruction générale de l'armée, que leur exclusion du plan d'études de guerre pourrait être considérée comme une perte essentielle.

A.

Géographie générale.

La plupart des jeunes gens qui entrent dans l'armée avec l'idée de devenir officier et qui, dans ce but, passent les examens de porte-épée fœhnrich, ne possèdent, au point de vue de la connaissance générale de la terre, que les notions fort moyennes d'un enseignement de gymnase. Leurs travaux d'examen prouvent d'ailleurs que les minimes connaissances, dont ils avaient fait preuve dans ce concours, étaient loin d'être aussi complètes et aussi sérieuses qu'elles auraient dû l'être. Les livres de géographie actuels ne fournissent que de faibles ressources pour se perfectionner dans cette étude, à ceux qui veulent les acquérir par eux-mêmes. *Mais plus tard, pour l'officier, soit comme officier d'état-major, soit comme général, le perfectionnement de l'instruction géographique devient d'une nécessité plus rigoureuse.* C'est pourquoi on a tenu compte d'un cours de géographie militaire pour l'instruction et l'on a considéré comme indispensable d'avoir, dans le programme de l'Académie de guerre, les moyens de compléter les connaissances dans l'étude générale de la géographie, et d'apprécier l'action réciproque de la physique terrestre et du développement des peuples et des États.

Le cercle des sciences qui sont généralement comprises sous le nom de géographie, forme la transition et la liaison ordinaires entre les sciences naturelles et les sciences historiques, particulièrement pour tout ce qui concerne les modifications de la surface de la terre, considérée comme théâtre du développement de l'humanité. Le cours sur l'étude générale de la terre a donc à s'occuper successivement :

1° Des cinq parties du monde, au point de vue de leur forme naturelle, en les caractérisant d'après leur climat et leur position.

2° Du genre humain, d'après ses divisions et ses relations naturelles et intellectuelles, sa manière de vivre, sa civilisation et son état social et politique.

3° De la répartition géographique des races, de leurs ramifications, des divisions de la terre, d'après les groupements des peuples et des nationalités.

4° Des œuvres intellectuelles dues aux peuples, en raison du lieu de leur développement.

5° Enfin, de la formation des systèmes politiques actuels et de leurs forces initiales.

Le cours de géographie, pour sa partie statistique et politique, se rattache, par conséquent, à la science historique.

Pour ce cours, quatre heures par semaine ont été prises en première année. Il est facultatif.

B.

Géographie physique.

En même temps que le cours sur la forme générale de la terre, et comme complément, on en fera un second, spécial à la géographie physique. Deux heures par semaine lui sont réservées en première année. Il est également facultatif.

En raison de la connexion de la géographie physique et de la géographie mathématique, on considérera d'abord la terre comme corps céleste, au point de vue du mouvement apparent et de la translation du système solaire à travers l'espace.

On examinera ensuite les méthodes d'orientation sur la surface de la terre et les coordonnées nécessaires pour déterminer l'emplacement d'un lieu. Enfin, on exposera la disposition spéciale dé la surface terrestre, sous les trois points de vue suivants :

A. Organique (géognosie et orographie), etc.

B. Hydrographique, etc.

C. Météorologique, etc.

Le cours se terminera par une explication rapide des formes organiques des plantes et des races animales.

D.

Chimie.

L'importance considérable que, dans ses dernières années, le développement incessant des sciences naturelles et de la chimie en particulier, a eue dans la vie pratique, oblige tout officier instruit à posséder une connaissance générale des principales vérités fondamentales de cette leçon. On lui affectera donc quatre heures par semaine en troisième année. Mais la grande étendue de son domaine scientifique rend indispensable de faire un choix des matières de ce cours, conformément à la tendance générale et au but spécial de l'enseignement de l'Académie de guerre. De cette façon, les auditeurs ne seront pas rebutés par la quantité de sujets à traiter et par le grand nombre de formules à retenir à l'aide de la mémoire seule; enfin, ils ne verront pas l'intérêt s'amoindrir.

Par conséquent, il faudra tout d'abord se contenter de s'occuper des phénomènes, importants pour la chimie théorique, ou d'une utilité continue dans la vie usuelle, et dont la connaissance, inté-

ressante pour tout homme bien élevé, l'est par
conséquent pour tous les officiers. On traitera
plus à fond et l'on mettra spécialement en évidence
les sujets qui touchent à la technologie militaire.
Mais pour ceux qui n'ont de valeur que pour le
chimiste de profession, ou qui sont moins importants par eux-mêmes, on les mentionnera simplement, ou même on les négligera tout à fait.

Sans la notion des expériences qui surviennent
dans la chimie inorganique, la chimie organique
ne peut être ni expliquée sérieusement, ni bien
comprise. D'autre part, les officiers qui entrent à
l'Académie ne possèdent généralement que des
connaissances fort approximatives sur ces études
préparatoires. C'est pourquoi, il faut commencer
par l'exposition systématique des phénomènes
plus simples de la chimie inorganique pour arriver aux procédés plus compliqués de la chimie
organique. Ensuite on sera en mesure de présenter un développement d'autant plus grand de la
chimie inorganique et de la chimie organique, que
cette dernière n'a pas encore atteint le degré de
précision et de certitude que la chimie inorganique se trouve déjà posséder.

En conséquence, on emploiera généralement les
deux tiers des neuf mois disponibles pour cette
leçon à l'étude de la chimie inorganique.

Pour ceux des auditeurs qui, par goût spécial, ou pour faire plus tard une application de leurs connaissances en chimie, veulent se fortifier dans la pratique des travaux de cette nature, et qui ont eux-mêmes acquis la somme de notions théoriques indispensables pour pouvoir faire des applications utiles, pratiques et rationnelles de la chimie, il est nécessaire qu'ils soient pour le moins complétement initiés à ce cours de chimie inorganique. Pour ceux-là on fera donc un enseignement spécial pratique de chimie, enseignement qui commencera à la fin du programme de la chimie inorganique et qui ne pourra avoir lieu que pendant les trois derniers mois des cours. Cet enseignement comprendra d'abord l'exposé de la méthode pour l'emploi et le maniement des instruments de chimie, et pour l'exécution des opérations qui sont à faire dans ces sortes de travaux.

Il aura ensuite à s'occuper de l'application, des réactifs, de leur composition, ainsi que de l'analyse des matières qui sont utiles pour l'armée, tels que la poudre et ses éléments primitifs, les fulminates, les matériaux de construction nécessaires au service des ingénieurs, mortier, chaux, briques, etc...

Enfin, grâce à des excursions dans des établissements techniques importants, on sera en état de fournir aux auditeurs l'occasion de se former une opinion personnelle sur l'utilité et l'action de la chimie dans le domaine des armes de guerre.

E.

Physique expérimentale.

Un cours de physique expérimentale aura également lieu en deuxième année, pour les mêmes raisons qui ont décidé l'introduction d'un cours de chimie en troisième année. On lui attribuera quatre heures par semaine. Il sera facultatif.

On commencera par un résumé historique de l'objet du cours. On commentera les lois de mouvement, ensuite on expliquera la théorie des machines simples, puis l'on passera dans le domaine des phénomènes physiques eux-mêmes, qui correspondront aux trois divisions suivantes :

1° La physique générale, la chaleur.

2° L'acoustique et l'optique, avec les deux subdivisions qui suivent:

A. L'optique mathématique (théorie des instruments d'optique).

B. L'optique physique (photométrie, chromatie, polarisation, etc.).

Dans l'optique mathématique, on donnera particulièrement un aperçu clair de la construction des instruments de réflexion qui trouvent une application générale (lentilles, télescopes et microscopes). Pour l'optique physique, elle sera surtout expérimentale, à cause des connaissances préparatoires mathématiques considérables qui sont nécessaires pour arriver à une étude précise.

3° Le magnétisme, l'électricité, avec les subdivisions suivantes :

A) Magnétisme.

B) Électricité de contact et galvanisme.

C) Électro-magnétisme et thermo-magnétisme.

D) Électricité d'induction.

Les applications à la physique terrestre seront discutées dans ces leçons. L'exposé expérimental de ce qui précède, exposé nécessaire pour faciliter la compréhension du cours, sera donné toutes les fois que les moyens le permettront, parce qu'une expérience *de visu*, incruste plus facilement et plus solidement les faits dans la mémoire.

Ce cours se terminera par un aperçu d'ensemble des matières enseignées.

F.

Langues vivantes.

L'enseignement des langues vivantes dans les grands établissements d'instruction présente de grandes difficultés jusqu'au moment où l'on arrive à écrire et à parler correctement avec facilité. Néanmoins, on n'a pas cru devoir laisser de côté cet enseignement à l'Académie de guerre et l'abandonner à la volonté de chacun. Quant à présent, on n'a pu donner à cette étude une plus grande extension qu'à l'aide des dispositions suivantes :

A.

Langue française.

L'importance prépondérante de la langue française est justifiée par ce fait que, non-seulement les officiers doivent pouvoir lire, comprendre et écrire le français pour être admis dans l'état-major, mais qu'ils doivent encore, grâce à une connaissance approfondie de cette langue, se trouver en état de mettre à profit la littérature militaire étendue parue dans cet idiome, de suffire en cas de guerre aux exigences du service dans les pays non allemands, et d'être propres à des missions extraordinaires en pays étrangers et dans des quartiers généraux étrangers, à des négociations diplomatiques et autres fonctions spéciales. Dans ce but, et, en raison des connaissances préliminaires variées que les officiers possèdent dans cette langue à leur entrée à l'Académie, cet enseignement ne concorde pas avec les trois années d'étude. Il est au contraire réparti en trois sections progressives et indépendantes. De cette façon, il est loisible de placer de suite dans la section la plus forte les officiers qui arrivent à l'Académie avec une connaissance déjà étendue de cet idiome et de donner un développement maximum, et, pour le plus d'officiers possible, à cette partie de la faculté déjà acquise. Six heures par semaine sont accordées à la première section. On s'attachera à y acquérir une connaissance parfaite de la grammaire élémentaire. Pour l'enseignement de professeur, il sera fait constamment et rigoureusement en langue française, de manière à permettre aux auditeurs de s'exprimer aussi bien que possible dans cet idiome.

Six heures par semaine sont également réservées à la seconde section. Dans celle-ci, on devra s'occuper de préférence de la syntaxe, et l'on exercera les auditeurs par des traductions orales et écrites, ainsi que par de courtes leçons orales. Dans ces conditions, ces deux premières sections présentent un assemblage organique complet, tandis que l'enseignement dans la troisième subdivision, à laquelle on affecte quatre heures par semaine, forme une partie à part. Des exercices étendus de style y trouveront place; des compositions au choix des officiers seront fournies comme travaux libres, enfin des leçons orales devront être pratiquées d'une façon plus étendue.

Conformément à cette répartition de l'instruction, le nombre des auditeurs ne peut être que très-limité. Aussi, pour que le succès de cet enseignement soit assuré, et pour que le professeur soit en état de faire valoir son influence personnelle, le nombre des auditeurs ne doit pas dépasser 16 pour la première section, 12 pour la seconde, et 12 au maximum pour la troisième. Cependant, s'il se trouvait, au début, un plus grand nombre d'officiers ayant des connaissances préliminaires et doués d'une aptitude particulière pour la langue française, ce qui permettrait de dépas-

ser ce maximum dans les deuxième et troisième
sections, sans porter préjudice au résultat général, une proposition spéciale de la part du
professeur serait alors admissible, mais seulement en raison de connaissances préalables déjà
constatées.

Grâce à cette répartition des cours en trois éche-
lons ascendants, bien délimités, il sera dès lors
possible pour les auditeurs qui commencent avec
l'échelon le plus bas, de recueillir par cette méthode un enseignement complet et tout à fait sérieux de la langue française. Il sera même assez
étendu pour que ces officiers puissent, à l'aide
d'un exercice incessant, arriver à s'exprimer correctement, verbalement et par écrit. Par contre,
les auditeurs, déjà plus avancés, au moment de
leur arrivée à l'Académie, pourront entrer de suite
dans la 3ᵉ subdivision, et s'appesantir, pendant
plusieurs années, avec avantage sur cette partie
de l'instruction. Enfin, la direction de tout l'enseignement entre les mains d'un professeur, est
une garantie de la solidité de la méthode et des
progrès à réaliser.

B.

Langue anglaise.

Jusqu'ici la langue anglaise n'a pas trouvé place dans le plan d'études de l'Académie. La question se trouve encore ajournée à une décision ultérieure.

C

Langue russe.

La situation de la Prusse dans le voisinage immédiat des peuples de langue slave, avec lesquels s'établissent des contacts fréquents et des rapports commerciaux constants, paraît devoir imposer tout au moins, comme une nécessité incontestable pour l'armée, la connaissance d'une langue slave. Or, la langue russe, en raison de la puissance prépondérante et de l'importance politique de l'empire russe, se trouve être le représentant de cet idiome. Elle paraît donc d'autant plus utile à connaître que sa compréhension facilite celle des autres dialectes slaves. D'ailleurs l'expérience a fait voir qu'il importait, en paix et en guerre, d'avoir un certain nombre d'officiers de notre armée au courant de la langue russe. Dans les années de guerre de 1806-1807, 1812-1813, 1829-1830, l'insuffisance de connaissances dans cette langue de la part des officiers prussiens qui étaient détachés aux quartiers généraux russes s'est fait vivement sentir. En paix également, il est urgent que certains officiers de l'état-major général soient en mesure de lire les écrits militaires russes, les travaux scientifiques de guerre, les cartes, et même de pouvoir utiliser pour les travaux historiques militaires les ordres et les rapports russes existant dans les archives.

C'est pourquoi un enseignement de la langue russe a été introduit dans le plan d'études de l'Académie de guerre, à raison de quatre heures par semaine, afin d'habituer les auditeurs à pouvoir écrire et parler correctement cette langue, à l'aide d'une étude personnelle.

§ 7.

Récapitulation des obligations à remplir pour participer aux cours de l'enseignement spécial

Conformément aux décisions qui précèdent, la fréquentation reste facultative pour les cours de l'instruction spéciale, à l'exception pourtant du cours de mathématiques de 1re année, qui est obligatoire pour tous les officiers de l'Académie. Néanmoins, cette liberté sera encore limitée, en ce sens que, ainsi qu'il a été dit plus haut, chacun des officiers entrant à l'Académie, doit opter pour une étude spéciale qui devient dès lors obligatoire. Pour les autres leçons de cette catégorie, on ne pourra les suivre qu'autant que le cours de choix et les cours obligatoires de l'instruction technique laisseront suffisamment de force et de temps. Mais à propos des leçons spéciales, il est bon de faire quelques réflexions.

C'est une mission essentielle pour l'Académie de guerre de donner dans l'enseignement spécial une instruction complète, au lieu d'une instruction incomplète et faite de pièces et de morceaux. Les officiers qui se décident à fréquenter les cours facultatifs, sont par cela même obligés, non-seulement de les suivre jusqu'à la fin, mais encore, dans le cas où la matière des cours ne serait épuisée que l'année suivante, comme c.la a lieu (en 1re et 2e année pour le cours d'histoire générale, et en 2e et 3e année pour l'histoire de la philosophie), de les suivre jusqu'au bout. De cette façon, il sera possible d'avoir une instruction complète.

En effet, l'Académie de guerre ne doit pas se contenter de demi-mesures. Ce n'est que pour les cours élevés de mathématiques de 2e et 3e année que l'obligation ne trouve pas son application, en vertu des explications déjà données à propos des mathématiques. Le caractère sérieux des études qui se font à l'Académie de guerre ne s'accorde pas avec une instruction scientifique, variable, fantaisiste (*Dilettantismus*) et sans fondement suffisant. L'Académie de guerre représente dans toutes ses leçons un tout complet, s'élevant dans un développement progressif. Par conséquent, le renoncement à une seule des leçons des deux dernières années, altère tout à fait le développement progressif du plan d'études et fait perdre tout le caractère de l'Académie. Cela est d'autant moins admissible que si l'on ne se conformait pas à ces principes organiques et convenablement coordonnés, le résultat utile d'une pareille fréquentation si complète des cours précités ne serait pas atteint.

§ 8.

Examens de sortie

Comme on l'a déjà expliqué, à propos des leçons, des questions sont posées à tous les officiers qui fréquentent l'Académie de guerre, afin de permettre de se rendre compte exactement et mûrement de la manière dont ils ont suivi les leçons et dont ils les ont comprises. Ces questions, on le sait, sont appelées à exercer une influence prépondérante sur les aptitudes des officiers, au point de vue pratique. C'est pourquoi, on proposera également ment des questions à résoudre, soit dans un court espace de temps, pendant les heures d'application des leçons, soit à l'aide de travaux faits à domicile. Mais ces mesures ne sont applicables que pendant la durée d'un même cours. C'est pourquoi, à la fin de la 1ʳᵉ et de la 2ᵉ année, pour toutes les leçons, et sous la surveillance des professeurs, on fera subir une épreuve écrite. Dans ce but, il y aura lieu de faire résoudre, dans l'espace d'une après-midi, un certain nombre de questions choisies. Pour ces travaux, on n'admettra pas l'usage direct des notes prises pendant les cours. Ils exigent d'ailleurs d'autant plus de jugement et de connaissances positives, que les notes qu'on leur donne, sont établies en raison du degré d'intelligence développée par l'officier. Dans le courant de l'hiver qui précède la fin de l'enseignement académique, les officiers de la 3e division auront à choisir des sujets de travaux dans tous les cours. Pour leur exécution, ils pourront faire librement usage de tous les documents, à la seule condition que les travaux soient remis vers la fin du cours. En dehors de ces mémoires, enfin, les officiers auront la faculté d'exécuter des travaux volontaires, se rattachant aux leçons qu'ils ont suivies.

Les travaux exécutés librement pendant les cours aussi bien que ceux des examens de sortie, cités plus haut, sont examinés et critiqués par les professeurs qu'ils concernent, puis envoyés à la commission d'études de l'Académie de guerre, qui est appelée à donner sur eux un avis complémentaire.

De là ils sont adressés à la direction de l'Académie. Ils servent alors à établir et à formuler les appréciations sur les résultats obtenus par chacun des auditeurs. Ils facilitent ainsi le classement définitif de sortie.

§ 9.

Conclusion

Par cette instruction, on ne doit pas avoir en vue de restreindre les dons naturels et le talent d'enseignement, ainsi que l'initiative et l'individualité du professeur, dans un établissement d'instruction aussi élevé que l'est l'Académie de guerre. *Elle n'a pas non plus à limiter par des dispositions restrictives la liberté des travaux, car ces restrictions sont généralement peu applicables au domaine des idées,* d'autant plus que la liberté est indispensable, si l'on veut atteindre le but désiré.

Cette instruction doit donc uniquement servir à déterminer à grands traits l'étendue des leçons et à fixer par suite le juste concours de tous à un enseignement systématiquement coordonné et convenablement dirigé, d'autant plus que toutes les sciences enseignées à l'Académie se tiennent dans un ensemble organique étroit et que les leçons sont, en partie mutuelles, et en partie complètes. Par conséquent, cette instruction ne doit établir, sur la voie qui doit conduire à *ce brillant épanouissement* de l'Académie, que des rails solides, au milieu desquels les cours puissent se mouvoir. Elle ne peut donner que des indications générales d'un sens élevé et d'un caractère tout intellectuel. Elle doit abandonner les applications de ces cours au jugement et au talent du professeur. Elle a conscience de cet ensemble de forces, qui ne sont pas de son domaine, et, de ce fait, que les résultats moraux et scientifiques d'une période de trois années d'instruction à l'Académie de guerre sont entre les mains des professeurs. En effet, grâce à des leçons substantielles, au zèle et au sentiment avec lesquels ils sauront faire leur cours, grâce à la condensation du sujet, et à une exposition verbale heureuse, ces professeurs sont appelés à exciter un vif intérêt parmi leurs auditeurs et non-seulement à les enrichir de leurs connaissances, mais encore à leur donner un goût durable pour la science.

Enfin, les officiers nommés à l'Académie de guerre devront avoir cette pensée, toujours présente à la mémoire, que, si, grâce à notre honoré souverain, un temps précieux de trois années leur a été accordé pour faire des études sérieuses, com-

plètes et fructueuses, c'est pour qu'une fois sortis
de l'Académie, ils soient à même de faire face,
avec une nouvelle énergie et des forces plus grandes encore, aux nécessités de l'existence pratique
qui les attend dans les rangs de l'armée.

Berlin.

TABLEAU

de répartition des leçons pour les différentes divisions de l'Académie de guerre, avec l'indication du nombre d'heures qui leur seront réservées par semaine.

1868

(A) Leçons de science militaire.

DÉSIGNATION DES LEÇONS		NOMBRE D'HEURES 1re division.	NOMBRE D'HEURES 2e division.	NOMBRE D'HEURES 3e division.
Tactique.	Théorique	4	»	»
	Appliquée.	»	4	»
Histoire de la guerre.	Histoire de la guerre, depuis l'apparition des armes à feu dans les combats, jusqu'au milieu du XVIIIe siècle	2	»	»
	Histoire de la guerre, depuis le milieu du XVIIIe siècle, jusqu'à la Révolution française.	»	2	»
	Histoire de la guerre, depuis la Révolution française, jusqu'à l'époque actuelle, avec les cours libres inclusivement.	»	»	6
Étude des armes		3	»	»
Fortification.	Fortification de campagne	2	»	»
	Fortification permanente.	»	2	»
Guerre de siége		»	»	2
Levé topographique militaire		»	1	»
Service d'état-major		»	»	3
Géographie militaire		»	4	»
Administration militaire.		»	1	»
Total des heures consacrées à ces leçons obligatoires par semaine		11	14	11

Page 206 bis

B

LEÇONS SPÉCIALES

(NON OBLIGATOIRES) A L'EXCEPTION DES MATHÉMATIQUES, EN 1re ANNÉE.

1868

DÉSIGNATION DES LEÇONS		NOMBRE D'HEURES 1re DIVISION	NOMBRE D'HEURES 2e DIVISION	NOMBRE D'HEURES 3e DIVISION
Mathématiques.		9 (obligatoire)	6	6
Géodésie.		»	»	3
Histoire générale	Ancienne et du Moyen-âge.	4	»	»
	Moderne et Actuelle.	»	4	»
Histoire de la Littérature.		»	»	4
Introduction à l'Histoire de la Philosophie.		»	2	»
Histoire de la Philosophie.		»	»	1
Géographie générale.		4	»	»
Géographie physique.		2	»	»
Chimie.		»	»	4
Physique expérimentale.		»	4	»
Total des heures pour les leçons spéciales.		19	16	18
Total général.		30	30	29

LANGUE FRANÇAISE

1re Section. — 6 heures	2e Section. — 6 heures	3e Section. — 4 heures

LANGUE RUSSE

1re Section. — 2 heures	2e Section. — 2 heures	

Page 206 ter.

Depuis 1868, plusieurs modifications ont été
apportées au programme, en raison des changements reconnus nécessaires, à la suite des événements de guerre de 1870-1871. Voici quelle est,
pour l'année scolaire actuelle, 1er *octobre* 1876 —
1er *juillet* 1877, la répartition par semaine des
heures réservées à chacun des cours.

Nous y joignons également le plan d'études avec
la désignation des professeurs et l'indication des
heures de la journée consacrées à ces leçons.

B

LEÇONS SPÉCIALES

(NON OBLIGATOIRES) À L'EXCEPTION DES MATHÉMATIQUES POUR LA 1ʳᵉ ANNÉE

DÉSIGNATION DES LEÇONS	NOMBRE D'HEURES 1ʳᵉ DIVISION	NOMBRE D'HEURES 2ᵐᵉ DIVISION	NOMBRE D'HEURES 3ᵐᵉ DIVISION
Mathématiques.	7	4	4
Géodésie			3
Histoire générale { ancienne et du moyen-âge	2		
Histoire générale { moderne.		4	
Histoire générale { actuelle			3
Histoire de la Littérature.			2
Géographie générale.	4		
Géographie physique.	2		
Chimie.			3
Physique générale		4	
Hygiène militaire.			1
Total	15	12	16

LANGUE FRANÇAISE		
1ʳᵉ Section. — 6 heures.	2ᵐᵉ Section. — 6 heures.	3ᵐᵉ Section. — 4 heures.

LANGUE RUSSE		
1ʳᵉ Section. — 6 heures.	2ᵐᵉ Section. — 6 heures.	3ᵐᵉ Section. — 4 heures.

ACADÉMIE DE GUERRE

1er octobre 1876.— 1er juillet 1877.

TABLEAU

partition des leçons pour les différentes divisions de l'Académie de guerre, avec l'indication du nombre d'heures qui leur seront réservées par semaine

A

Leçons de science militaire (obligatoires)

DÉSIGNATION DES LEÇONS		NOMBRE D'HEURES 1re DIVISION	NOMBRE D'HEURES 2e DIVISION	NOMBRE D'HEURES 3e DIVISION
ique.	Théorique.	4	»	»
	Appliquée.	»	4	»
ire de la guerre.	Histoire de la guerre depuis l'apparition des armes à feu dans les combats, jusqu'au milieu du xviiie siècle.	2	»	»
	Histoire de la guerre depuis le milieu du xviiie siècle, jusqu'à la Révolution française.	»	5	»
	Histoire de la guerre depuis la Révolution française jusqu'à l'époque actuelle . . . . (Les cours libres, inclusivement.)	»	»	6
ie des armes.		4	»	»
ification. . . .	de campagne.	3	»	»
	permanente	»	3	»
re de siége		»	»	4
topographique.		»	1	»
ice d'état-major.		»	»	4
graphie militaire.		»	2	»
t militaire.		»	»	1
Total.		13	15	15

Page 208 bis.

ACADÉMIE ROYALE DE GUERRE DE BERLIN

Emploi du temps pour les leçons du 1 octobre 1876 au 1 juillet 1877.

1re DIVISION

Subdivision A

HEURES	LUNDI	MARDI	MERCREDI	JEUDI	VENDREDI	SAMEDI
9-10 / 10-11	Histoire de l'art de la guerre cap. Joehns.	Tactique m. Baumann.	Géographie physique pr. doct. Dowe	Étude des armes cap. Kaufmann	Tactique m. Baumann.	Étude des armes cap. Kaufmann
11-12	Histoire doct. Pretz	Mathématiques doct. Lampe.	Histoire doct. Pretz.	Fortification de campagne cap. Pochhammer.	Mathématiques doct. Lampe.	Fortification de campagne cap. Pochhammer.
12-1 / 1-2	Géographie générale doct. Marthe.		Géographie générale doct. Marthe.	Mathématiques doct. Lampe.		Mathématiques doct. Lampe.

Subdivision B

HEURES	LUNDI	MARDI	MERCREDI	JEUDI	VENDREDI	SAMEDI
9-10 / 10-11	Étude des armes cap. Ristow.	Tactique cap. von Schmeling.	Géographie physique doct. Dowe.	Tactique cap. von Schmeling.	Étude des armes cap. Ristow.	Histoire de l'art de la guerre cap. Joehns.
11-12	Histoire doct. Pretz.	Mathématiques d. Worpitzky.	Histoire doct. Pretz.	Fortification de campagne cap. Taubert.	Mathématiques d. Worpitzky.	Fortification de campagne cap. Taubert.
12-1 / 1-2	Géographie générale doct. Marthe.		Géographie générale doct. Marthe.	Mathématiques d. Worpitzky.		Mathématiques d. Worpitzky.

OBSERVATIONS : Les cours pour les leçons obligatoires ont lieu pour chaque subdivision séparément, dans les salles respectives A et B.
Les leçons appliquées de mathématiques se font pour la première subdivision, le jeudi, de midi à 2 h.
Les leçons appliquées se font pour la deuxième subdivision, le vendredi, de 11 h. à 1 h.

Les cours pour les leçons facultatives ont lieu pour les subdivisions A et B réunies, dans la salle B.
Les leçons de mathématiques appliquées ont lieu pour la première subdivision, le jeudi, de midi à 2 h.
Les leçons de mathématiques appliquées ont lieu pour la deuxième subdivision, le vendredi, de 11 h. à 1 heure.

2e DIVISION

Subdivision A

HEURES	LUNDI	MARDI	MERCREDI	JEUDI	VENDREDI	SAMEDI
9-10 / 10-11		Géographie militaire maj. Von Leithold.		Physique p. doct. Dowe.		Physique p. doct. Dowe.
10-11 / 11-12	Tactique cap. Villaume.	Levé des plans m. Baumann.	Tactique cap. Villaume.	Histoire de la guerre m. Von Alten.	Histoire de la guerre m. Von Alten.	Histoire de la guerre m. Von Alten.
12-1 / 1-2	Mathématiques d. Worpitzky.	Histoire p. doct. Jansen	Mathématiques d. Worpitzky.	Fortification permanente c. Pochhammer.	Histoire p. doct. Jansen	Fortification permanente c. Pochhammer

Subdivision B

HEURES	LUNDI	MARDI	MERCREDI	JEUDI	VENDREDI	SAMEDI
9-10 / 10-11				Physique doct. Dowe.	Géographie militaire maj. von Leithold.	Physique doct. Dowe.
10-11 / 11-12	Tactique lieut.-col. Von Scherff.	Histoire de la guerre major Boie.	Tactique lieut.-col. Von Scherff.	Histoire de la guerre major Boie.	Levé de plans m. Baumann.	Histoire de la guerre major Boie.
12-1 / 1-2	Mathématiques d. Worpitzky.	Histoire doct. Jansen.	Mathématiques d. Worpitzky.	Fortification permanente cap. Taubert.	Histoire doct. Jansen.	Fortification permanente cap. Taubert.

OBSERVATIONS : Les cours pour les leçons obligatoires ont lieu pour chaque subdivision, séparément dans les salles respectives A et B.

Les cours pour les leçons facultatives ont lieu pour les deux subdivisions. A et B réunies, dans la salle B.

Emploi du temps pour les leçons du 1er octobre 1876 au 1er juillet 1877.

3e DIVISION

Subdivision A

HEURES	LUNDI	MARDI	MERCREDI	JEUDI	VENDREDI	SAMEDI
9-10 10-11	Guerre de siége major Müller.	Service d'état-major c. von Wittich	Histoire de la guerre m. von Faysen	Hygiène militaire m.-d. Starcke. Droit militaire aud. Solms.	Service d'état-major c. von Wittich	Histoire de la guerre m. von Faysen
11-12 12-1	Histoire doct. Duncker.	Histoire de la guerre m. von Faysen	Histoire doct. Duncker	Guerre de siége major Müller.	Histoire de la littérature p. d. Imalmenn	Histoire doc. Duncker.
1-2 2-3	Géodésie maj. Schreiber	Géodésie maj. Schreiber	Chimie p. d. Shellbach	Mathématiques p. d. Schelbach	Chimie p. d. Schneider	Mathématiques p. d Schellbach

Subdivision B

HEURES	LUNDI	MARDI	MERCREDI	JEUDI	VENDREDI	SAMEDI
9-10				Droit militaire doct. Solms.		
10-11	Histoire de la guerre l.-col. Blume.	Service d'état-major col. Keszler.	Histoire de la guerre l.-col. Blume	Hygiène militaire doct. Starcke	Service d'état-major col. Keszler.	Histoire de la guerre l.-col. Blume
11-12	Histoire doct. Dunker.	Guerre de siége major Müller.	Histoire doct. Duncker.		Histoire de la littérature doct Imelmann	Histoire doct. Duncker.
12-1	Géodésie maj. Schreiber	Géodésie maj. Schreiber	Chimie p. d. Schneider	Guerre de siége major Müller. Mathématiques d. Schellbach.	Chimie d. Schneider.	Mathématiques d. Schellbach.
1-2						
2-3						

OBSERVATIONS : Les cours pour les leçons obligatoires ont lieu pour chaque subdiv. séparément dans les salles respectives A et B.

LANGUE FRANÇAISE

Les entretiens en langue française ont lieu :
Pour la première et la deuxième section par les soins du docteur POTTMANN.
Pour la troisième section, par les soins du docteur HERRIG.

	LUNDI	MARDI	MERCREDI	JEUDI	VENDREDI	SAMEDI
1re Section	4-6		4-6		4-6	
2e Section			12-2	4-6		4-6
3e Section	12-2		4-6			

LANGUE RUSSE

Les entretiens en langue russe ont lieu :
Pour la première section par les soins du docteur KOERNER.
Pour la deuxième section par les soins du docteur KACER.

	LUNDI	MARDI	MERCREDI	JEUDI	VENDREDI	SAMEDI
1re Section		4-6		4-6		4-6
2e Section	4-6	12-2			12-2	
3e Section		4-6				12-2

N. A. — La distribution des livres pour les trois divisions se fait
Troisième division. — Mercredi et jeudi, de 11 à 1 h.
Deuxième division. — Mardi et vendredi, de midi à 2 h.
Première division. — Lundi et samedi, de 11 h. à 1 h.

Page 208 quinque.

Comparaison des deux plans d'études
1868-1877

En comparant les deux plans d'études de 1868 et
de 1877, on constate les différences suivantes :

Première année.

Les cours techniques ont gagné 3 heures de plus
par semaine, dont 1 heure pour l'étude des armes
de guerre et 1 heure pour la fortification de campagne. Par contre, 4 heures par semaine ont été
retranchées pour les leçons facultatives (2 heures
par semaine pour les mathématiques et 2 heures
pour l'histoire générale).

Deuxième année.

Les cours techniques se sont accrus de 1 heure
par semaine (15 au lieu de 14).

Trois heures de plus par semaine ont été accordées à l'histoire de la guerre (depuis le milieu du
XVIIIe siècle, jusqu'à l'époque actuelle).

Une heure supplémentaire a été attribuée par
semaine à l'étude de la fortification permanente.

Au contraire, 2 heures ont été retirées à la géo-

graphie militaire; le cours d'administration mili-
litaire a été tout à fait supprimé.

Les cours facultatifs ont subi des réductions de
temps assez fortes, 12 heures par semaine au lieu
de 16.

Ces 4 heures de réduction se répartissent à raison de 2 heures pour les mathématiques et de 2
heures pour la philosophie. —

Troisième année.

Les heures réservées chaque semaine aux cours
techniques ont également reçu une augmentation,
16 heures au lieu de 11, dont 1 heure de plus pour
la guerre de siége;
1 heure pour le service d'état-major;
1 heure nouvelle, pour l'hygiène militaire;
Et 1 heure nouvelle, pour le droit militaire.

Mais les cours facultatifs ont perdu 3 heures, ce
qui les réduit à 15. Ces diminutions portent sur :
Les mathématiques (2 heures);
L'histoire de la littérature (2 heures);
La chimie (1 heure);
La philosophie (supprimée, à raison de 1 heure).
Seule l'étude de l'histoire actuelle a été dotée de
3 heures par semaine.
Pour les langues, la langue russe est la seule

qui ait profité de l'augmentation. Elle est actuellement aussi bien dotée que la langue française.

En résumé, les réductions de temps ont principalement porté sur les cours facultatifs, et les augmentations, sur les cours techniques (histoire de la guerre, étude des armes, guerre de siége, service d'état-major, fortification permanente, et les cours nouveaux d'hygiène et de droit militaire).

De tous, c'est l'histoire de la guerre, depuis la révolution française jusqu'à nos jours, qui se trouve avoir le plus profité de cette extension. Or, c'est là le cours par excellence, celui qui est confié à l'officier d'état-major le plus capable. Les deux officiers qui sont chargés de ce cours, véritable criterium de l'intelligence militaire des officiers de l'Académie de guerre, sont :

MM. von Blume, lieutenant-colonel d'état-major;
von Faysen, commandant d'état-major.

Les leçons sur le service d'état-major, qui viennent en seconde ligne, sont faites par les colonels d'état-major von Wittich et von Keszler.

Le lieutenant-colonel d'état-major von Scherff est professeur de tactique pour la 2e subdivision de la 2e division. De concert avec le capitaine d'état-major Villaume , il prépare les officiers-élèves à la compréhension du cours d'histoire de la guerre et d'état-major de la 3ᵉ année.

L'introduction dans le plan d'études de cours sur le service de santé et le droit militaire est une heureuse innovation.

Les soins à donner aux masses d'hommes à mettre actuellement en mouvement, la multiplicité des détails à préparer d'avance, l'influence que cette préoccupation exerce sur les soldats, etc., suffisent pour démontrer la valeur des arguments invoqués en faveur de cette création. Il importe, en effet, que les chefs d'armée et les officiers d'état-major se rendent compte de la responsabilité qu'ils encourent et des dangers de toute sorte qui peuvent en résulter pour l'armée, s'ils négligent d'accorder une préoccupation constante aux ordres que réclament les malades, les blessés, les évacuations sur les hôpitaux et l'arrivée rapide des secours sur le théâtre des opérations.

L'étude du droit militaire a un intérêt encore plus considérable. En effet, les missions à l'étranger, les fonctions d'attaché militaire, les dispositions pratiques à prendre pour l'occupation en temps de guerre des pays ennemis, les règles à suivre pour les relations internationales, les participations utiles aux congrès et aux conférences, etc., rendent cette instruction de plus en plus nécessaire. *Il importe, d'ailleurs, qu'officiers d'é-tat-major et généraux se pénètrent du rôle élevé de la guerre, de sa nature, de ses conditions comme instrument du mouvement humain et de ses formes,* afin qu'ils agissent en connaissance de cause lorsqu'ils se trouvent appelés à conduire ces troupes nombreuses. C'est pour cela que l'étude du droit militaire, dans ses rapports avec le droit des gens, le droit civil, le droit constitutionnel, etc., a pris une telle importance et a nécessité l'introduction d'un nouveau cours dans le plan d'études de l'Académie de guerre.

Telle est la situation présente de l'enseignement dans cet établissement militaire d'instruction. Pour en faire mieux comprendre la portée, nous y joindrons un tableau général de la progression suivie dans la répartition des commissions et des écoles prussiennes.

L'ENSEIGNEMENT MILITAIRE ALLEMAND

Commission supérieure des Études militaires,
à Berlin.

MEMBRES

Général d'infanterie, *von Holleben.*

Général d'infanterie, *von Hollech* (directeur de l'Académie de guerre).

Lieutenant-général, *von Pape* (1re division d'infanterie de la garde).

Lieutenant-général, *von Morozowicz* (chef du service topographique).

Lieutenant-général, *von Neumann.*

Général-major, *von Voigts-Rhetz* (au ministère de la guerre).

Général-major, *von Wartensleben* (du grand état-major).

Général-major, *des Barres* (du grand état-major).

Colonel, *von Loebell* (corps des cadets).

Colonel, *Schmeltzer* (à l'école d'artillerie et du génie).

Colonel, *von Haugwitz* (corps des cadets).
Lieutenant-colonel, *Lust.*
Major, *von Heimburg.*
Major, *von Leithold* (du *neben-état* de l'état-major général).
Capitaine, *Pocchammer* (du génie).

ACADÉMIE DE GUERRE

(sous la haute direction du chef d'état-major général de l'armée).

Directeur : *von Ollech* (général d'infanterie).
Officier d'ordonnance, major *Stiehle* (à la suite du 8ᵉ régiment de dragons).
Adjoint à la direction, colonel *von Radowitz* (grenadiers, n° 8).
Adjoint à la direction, capitaine *von Lucadou* (régiment n° 94).
Comptable-payeur, *Horn.*

Commission des études.

Président, général d'infanterie, *von Ollech.*
Membres lieutenant-général, *von Pape.*
— général-lieutenant, *von Neumann.*
— général-major, *Voigts-Rhetz.*
— général, *von Wartensleben.*

Professeurs militaires.

Colonel, *Keszler* (état-major général).

Lieutenant-colonel, *von Scherff* (état-major général).

Lieutenant-colonel, *Blume* (ministère de la guerre).

Lieutenant-colonel, *von Wittich* (état-major général).

Major, *Baumann* (état-major général).
— *Muller* (état-major général, *neben-état*).
— *Schreiber* (état-major général *neben-état*).
— *von Taysen* (état-major général).
— *Münnich* (état-major général).
— *von Alten* (état-major général).
— *Boie* (état-major général, *neben-état*).
— *von Leithold* (état-major général, *neben-état*).

Capitaine, *Jœhns* (*neben-état*).
— *Villaume* (du grand état-major).
— *Pochhammer* (du génie).
— *Taubert* (du génie).
— *Ristow* (artillerie).
— *Kaufmann* (du génie).

Ob. u. C. Aud. Haupt. *Solms* (du 3ᵉ corps d'armée).

Ob. St. Artz 2 cl. Dʳ *Starcke* (du 3ᵉ régiment de la garde).

Écoles de guerre.

Écoles de Potsdam,
         Erfurt,
         Neisse,
         Engers,
         Cassel,
         Hanovre,
         Anclam,
         Metz.

L'École d'artillerie et du génie de Berlin.

Le corps des cadets à Berlin.

Les maisons de cadets à

Berlin,
Culm,
Potsdam,
Wahlstatt,
Bensberg,
Plœn,
Oranienstein.

L'Orphelinat militaire de Potsdam.

L'Institut de Annaburg, pour les enfants de troupe.

L'École centrale de gymnastique de Berlin.

L'École de tir, de Spandau.

L'Institut de cavalerie, à Hanovre.

L'École de tir d'artillerie, à Berlin.

L'Académie de médecine et de chirurgie, à Berlin.

L'École vétérinaire de Berlin et les écoles de maréchalerie.

Les Écoles des sous-officiers de Potsdam, Frolich, Biebrich, Weissenfels et Ettlingen.

Au-dessus de ces écoles, se trouve le service d'inspection, appelé à en assurer la parfaite ordonnance. Ce service est ainsi décomposé :

Inspection générale des établissements militaires d'instruction et d'éducation,
à Berlin.

Inspecteur général, M. *baron von Rheinbaben* (général de cavalerie);

Inspecteur adjoint, M. le *lieutenant-colonel Poten* (à la suite du régiment de hussards n° 1);

Inspecteur adjoint, M. le premier lieutenant *von Frobel* (4e régiment de grenadiers de la garde).

Cette inspection a sous sa dépendance :

*La Commission supérieure des études militai-
res ;*

L'Inspection des écoles de guerre ;
L'École réunie d'artillerie et du génie ;
Le corps des cadets.

Inspection des écoles de guerre.

Inspecteur général, M. *von Hartmann* (général major).

Inspection des écoles d'infanterie,
à Berlin.

Inspecteur, M. *von Kloeden* (général-major).

Inspecteur adjoint, M. le premier lieutenant *Schilling von Cannstadt* (4ᵉ régiment d'infanterie de la garde).

Cette inspection, qui ressort du Ministère de la guerre, a sous sa juridiction :

L'École de tir,

Les Écoles de sous-officiers,

L'institut d'éducation des enfants de troupe à Annabourg.

Commission supérieure des examens,
à Berlin.

Président, M. *von Holleben* (général d'infan-terie.

Directeur, M. *des Barres* (général major).

Examinateur, M. le capitaine *Lademann* (du Neben-Etat).

Examinateur, M. le capitaine *Bœttcher* (de la commission d'artillerie).

Examinateur, M. le capitaine *von Usedom* (du Neben-État).

Examinateur, M. le capitaine *Hoffmann* (du Comité du génie).

Dans cette énumération, nous ne comptons pas la Commission supérieure d'examens du ministère de la guerre (colonel, *von Hartrott*, président), ainsi que les écoles secondaires de sous-officiers de la Bavière, de la Saxe et du Wurtemberg, l'école de cavalerie de Dresde, l'école d'équitation de Munich, etc.

L'ENSEIGNEMENT MILITAIRE

DANS LES

ARMÉES ÉTRANGÈRES

L'ENSEIGNEMENT MILITAIRE

DANS LES ARMÉES ÉTRANGÈRES

Existe-t-il des institutions analogues en Europe?
C'est ce que nous allons examiner pour les puissances militaires suivantes : la Russie, l'Italie et
la France.

La Russie.

La fondation d'une *Académie militaire russe*
date de 1832. Le général Jomini en fut l'instiga-
teur. Plus tard, elle prit le nom d'*Académie
Nicolas*, nom qu'elle porte encore aujourd'hui.
Soixante officiers peuvent y entrer annuellement,
dont dix pour la géodésie. Les candidats doivent
avoir accompli au moins quatre années de grade
d'officier.

Les officiers de toutes armes, depuis l'enseigne
porte-épée jusqu'au capitaine en second de la
garde, les capitaines d'artillerie et les majors de

15

l'armée sont en droit de prendre part à l'examen d'entrée. Cet examen porte sur :

Les mathématiques,

La balistique,

La géographie,

L'histoire,

La fortification,

La connaissance de la langue russe et celle des langues, française ou allemande.

Les cours y sont de deux ans et demi et de quatre pour les géodésiens.

On s'y occupe de :

Histoire militaire,

Tactique,

Stratégie,

Statistique militaire,

Administration,

Géodésie,

Cartographie,

Levé des plans,

Dessin,

Connaissances spéciales au génie et à l'artillerie, histoire, géographie physique, les langues et l'équitation.

C'est au mois de septembre qu'ont lieu les examens de sortie, d'après lesquels les officiers élèves sont répartis en trois catégories.

Le personnel de ladite Académie se compose de :
Un général,
Un officier supérieur, directeur,
Quatre officiers supérieurs, inspecteurs ;
Et comme professeurs, de :
Un général-lieutenant,
Quatre généraux-majors,
Trois colonels ;
Comme professeurs-adjoints : deux colonels et un lieutenant-colonel.

Comme professeurs de dessin et de topographie : deux colonels.

Tel est cet enseignement supérieur, qui n'a que la valeur d'une instruction technique émanant d'une école supérieure d'application. Il n'a pas encore le caractère du haut enseignement militaire allemand. C'est pourquoi, tout en fournissant des officiers excellents, des spécialistes remarquables, l'*Académie Nicolas* n'a ni la place, ni l'importance qu'elle devrait avoir, parce qu'elle ne correspond pas à un enseignement général suffisamment coordonné. D'autre part, comme il n'est pas nécessaire de passer par l'Académie de guerre pour parvenir aux grades élevés de l'armée, il s'ensuit qu'il ne peut exister ni unité d'origine, ni unité de vues, ni le même degré de respectabilité dans le commandement.

L'Italie.

L'installation de l'École de guerre italienne date de 1867. Depuis lors, des modifications importantes ont été apportées à son organisation intérieure.

On reçoit aujourd'hui soixante-douze officiers par an, répartis ainsi qu'il suit :

Cinquante-deux officiers d'infanterie,

Huit officiers de cavalerie,

Neuf officiers d'artillerie,

Trois officiers du génie.

Chaque bataillon d'instruction ou alpin, ainsi que chaque régiment de cavalerie présentent au concours un officier subalterne, tandis que chaque régiment de ligne et de bersaglieri en présente deux.

Les officiers du génie ou d'artillerie entrent sans concours à l'École et vont de suite en deuxième année.

Pour se préparer à ces examens d'entrée, tous ont droit à un passage de quatre mois à l'école normale d'infanterie de Parme.

Les lieutenants seuls peuvent y participer.

Il suffit d'énoncer ces faits pour s'apercevoir

que l'école de guerre italienne offre peu d'analogie avec l'Académie de guerre de Berlin. La limite d'âge et de grade imposée aux candidats, ainsi que le chiffre déterminé des admissions, sont des causes suffisantes pour altérer le caractère d'un établissement d'instruction de cette nature. Dans ces conditions, en effet, l'école de guerre n'est plus une Académie, mais une école d'application d'un ordre plus élevé. Quoi qu'il en soit, l'armée italienne n'en a pas moins le mérite incontestable d'avoir appliqué, la première, les réformes que les leçons du bon sens et de l'expérience imposaient. Grâce au patriotisme du Gouvernement et de ses chefs, elle a su prendre une place importante et justement méritée au milieu des puissances militaires européennes. Cette place, elle la doit à l'instruction de ses officiers et aux bienfaits du service obligatoire. Ce fait est donc une nouvelle preuve, en faveur du relèvement rapide de ces races latines, dont certains écrivains, par trop germaniques, font si bon marché, dans leurs dédaigneux articles.,

La France.

L'*École supérieure de guerre* de France est de date plus que récente. Elle ne remonte qu'au mois de mai 1876.

Les cours y sont de deux années. Le nombre des officiers élèves admis est actuellement de soixante-douze, choisis parmi les lieutenants et capitaines, dans certaines conditions de temps déterminées, et à la suite d'un examen écrit et oral.

Le jury d'examen pour la dernière promotion était composé de la manière suivante.

Commission d'examen.

Président : Le général de division Castelnau, de l'état-major.

Première commission, pour la géographie, l'art militaire et l'administration.

MM. *Castelnau,* général de division, de l'état-major ;

Barbary de Langlade, général de division d'artillerie ;

Ansous, général de brigade du génie.

De Montarby, général de brigade de cavalerie.

Dumont, général de brigade d'infanterie.

Avec l'assistance de :

MM. *Bureau,* capitaine d'infanterie, pour la géographie ;

Tordeux, commandant d'état-major, pour l'art militaire ;

Baratier, sous-intendant, pour l'administration.

Deuxième commission, pour la fortification et la topographie, l'artillerie et l'allemand.

MM. *Nugues,* général de brigade de l'état-major ;

Deville, général de brigade d'artillerie ;

Durand de Villers, général de brigade du génie ;

Cornat, général de division de cavalerie ;

Garnier, général d'infanterie.

Avec l'assistance de ;

MM. *Laurent,* capitaine du génie, pour la fortification et la topographie ;

Thévenin, lieutenant-colonel d'artillerie, pour l'artillerie ;

De Polignac, lieutenant-colonel d'état-major, pour l'allemand et l'anglais.

Équitation.

MM. *Nugues*, général de brigade de l'état-major ;
De Montarby, général de cavalerie ;
Dumont, général d'infanterie ;
Delorme, lieutenant-colonel de cavalerie.

Personnel.

Pour le personnel de l'école, il se compose, comme direction, du général de division, de l'arme du génie, *Gandil*, directeur, et du lieutenant-colonel d'état-major *Bourgeois*, comme sous-directeur, chef du service intérieur.

La commission de perfectionnement des études comprend le général Gandil et tous les professeurs titulaires.

Professeurs.

Les professeurs sont, pour la première année :

Première année.

Sciences : M. Laussedat, colonel du génie.
Conférences d'état-major : M. Fay, colonel d'état-major ; M. X., chef d'escadron d'état-major.

Instruction des troupes, Grandes manœuvres : Haillot, colonel d'état-major.

Art militaire : Pierron, lieutenant-colonel d'infanterie ; Canonge, capitaine d'infanterie.

Artillerie : Pinel de Grandchamps, chef d'escadron d'artillerie.

Droit : Desjardins (Albert).

Histoire et littérature : Camille Rousset.

Législation : Delaperriére, sous-intendant ; Baratier, sous-intendant.

Fortification : Prévôt, lieutenant-colonel du génie ; Laurent, capitaine du génie.

Géographie : Niox, capitaine d'état-major.

Étude du terrain : Titeux, capitaine d'état-major ; X., capitaine d'état-major.

Allemand : Kienlin, commandant d'état-major ; Kusler, capitaine d'infanterie.

Équitation : Poulard, commandant de cavalerie ; Pouleau, capitaine aux cuirassiers.

Deuxième Année.

En 2e année, les cours continuent dans le même ordre que précédemment.

Seulement, le cours d'*étude du terrain* est terminé.

Le droit est remplacé par l'*économie politique* et *le droit des gens.*

La législation est remplacée par *l'administration.*

Le cours de *sciences appliquées* est commencé par le colonel *Laussedat.*

La géodésie est traitée par M. *Perrier*, chef d'escadron d'état-major.

Il n'y a plus que deux leçons d'artillerie par mois.

Des conférences sont faites par les colonels d'état-major *de Cools* et le lieutenant-colonel d'état-major *Vanson,* du ministère de la guerre.

Les leçons d'allemand sont réparties en quatre sections. Une leçon d'allemand sur deux porte le nom de conférence et n'est pas faite par les professeurs. Elle est facultative et elle est dirigée par deux élèves de la première section.

En 1876, on a demandé :

Un travail sur le camp retranché de N...

Un travail sur des travaux de campagne à exécuter près des forts de...

Un travail sur une visite aux bureaux de recrutement.

Un travail sur les manœuvres.

Un travail d'art militaire ou de géographie, au choix de l'intéressé.

Un fragment de copie de carte au $\frac{1}{40000}$.

On a fait une visite au petit polygone de Versailles et à l'atelier de Puteaux.

Les officiers élèves ont assisté aux grandes manœuvres (du 1er août au 1er octobre); les uns ont été détachés aux états-majors, les autres ont repris le commandement de leur compagnie ou escadron.

Dispositions générales.

Les élèves sont partagés en douze groupes de six, correspondant à six salles mises à leur disposition pour leurs travaux. Le plus ancien est chef de salle et sert d'intermédiaire entre les élèves et l'autorité.

Les élèves sont logés en ville à leurs frais et sont considérés comme détachés de leurs corps dont ils reçoivent la solde, plus l'indemnité pour résidence dans Paris.

Du mois de mai au 1er août 1876, il y a eu deux cours de une heure et demie par jour, plus, tous les deux jours, un cours d'allemand de même durée; une heure d'équitation tous les jours pour les officiers d'infanterie, et une reprise facultative par semaine pour les officiers d'artillerie et de cavalerie. Depuis le 1ᵉʳ octobre, il n'y a plus eu qu'un cours par jour, de neuf heures et demie à onze heures, sans compter l'allemand et l'équitation.

Depuis le 1ᵉʳ janvier 1877, des adjoints aux professeurs titulaires ont été nommés.

Les cours se font aux Invalides, où des amphithéâtres ont été aménagés au 3ᵉ étage.

Examens de passage.

L'inspection a été faite par le général de division *Castelnau*, président de la Commission d'examen.

Le 12 novembre, les cours ont été interrompus. Le 22 novembre, les examens de passage de 1ʳᵉ en 2ᵉ année ont commencé.

Il y a eu :

Un examen écrit sur chaque matière (durée : 3 heures).

Un examen oral sur chaque matière (par les soins du professeur).

Un examen général devant la Commission d'examen.

Un examen d'équitation.

La fin des examens a eu lieu le 23 décembre.

Les coefficients pour les examens de passage étaient les suivants :

Équitation.............................. 1
Histoire, droit......................... 2
Étude du terrain....................... 3
Allemand, fortification, artillerie, géographie,
législation............................. 4
Conférence d'état-major, art militaire, exa-
men général.......................... 6

Le n° 1 a obtenu la moyenne 17. 4.
Le n° 72   —   —   12.99.

Les questions posées aux examens écrits étaient
les suivantes :

Artillerie : Poudres lentes et progressives. —
Transformations de l'artillerie en France. — Comment ces transformations se lient à la question
des poudres ?

Fortification : Utilité de la fortification.— Camp
retranché. — Forts d'arrêt.

Législation : Exposer quelles sont les mesures à
prendre pour organiser le service de la justice militaire dans une armée en campagne.

Études du terrain : Conditions d'une bonne carte
militaire et notion sommaire sur les principales
cartes étrangères.— Des différents systèmes adoptés pour la représentation du relief du terrain en
France et à l'étranger.

Droit : Des lois. — Des décrets. — Des arrêtés.

Histoire : De l'étude de l'histoire dans l'enseignement militaire supérieur.

Géographie : Les Pyrénées-Occidentales. — Description géologique et géographique. — Bassin de la Garonne.

Art militaire : Quelles sont les quatre grandes règles qui doivent présider à l'établissement de tout plan d'opérations ?

Service d'état-major : Opérations qui accompagnent le passage d'un homme de l'armée active, dans la réserve, la disponibilité, etc. — Organisation de la division d'infanterie.

Instruction des troupes : Dispositif de marche d'un corps d'armée.

CONSIDÉRATIONS GÉNÉRALES

sur l'organisation de l'enseignement militaire en Allemagne

Ce qui frappe dans le développement du système d'enseignement militaire allemand que nous venons d'exposer, c'est l'unité dans la méthode, le caractère essentiellement pratique de l'exposition et la conscience dans l'exécution.

En effet, la méthode est une, en ce sens que toutes les parties de cette éducation militaire se tiennent dans un ensemble parfaitement coordonné et s'échelonnent judicieusement en raison des nécessités et des conditions d'instruction que l'État est en droit de réclamer de ses défenseurs,

Tout est à sa place dans cet enseignement.

Au premier échelon, les écoles de cadets, les gymnases et les universités fournissent l'instruction première.

Au deuxième, les écoles de guerre et l'école d'artillerie et du génie préparent aux examens d'officier, mais sous cette condition absolue pour les candidats d'avoir tout d'abord obéi à la loi du service obligatoire, c'est-à-dire, d'être resté sous les drapeaux, au moins cinq mois. L'instruction y est ce qu'elle doit être, simple, militaire, et, avant tout, pratique. On ne peut y acquérir les qualités nécessaires à un officier d'état-major, à un chef d'armée, à un savant, à un historien, à un spécialiste, mais on y prend les notions suffisantes pour devenir un bon officier de troupe, ni plus ni moins. Quand on en sort, on part avec cette conviction, d'être simplement apte à remplir les conditions modestes d'une carrière toute de dévouement, et d'avoir besoin d'un complément d'instruction, si l'on veut prétendre à l'honneur de diriger les armées ou les établissements techniques. Or, ce niveau moyen d'éducation n'étonne ni ne froisse, car il est le même pour tous. Comme l'écrit fort justement un général allemand, « il en résulte cet avantage considérable d'empêcher de jeunes officiers de pouvoir constater l'infériorité de chefs qu'ils doivent avant tout respecter; de critiquer leurs actes, et de chercher par tous les moyens incompatibles avec la dignité humaine, d'échapper à une subordination basée uniquement sur une discipline fictive. En effet, il est universellement reconnu que l'abus tracassier de l'autorité, l'inquiétude et la méfiance dans les rapports avec des subordonnés dont on redoute l'examen journalier, sont les indices d'une médiocrité réelle. *L'officier solidement instruit s'impose; l'officier qui ne l'est pas, vit isolé ou cherche à se faire redouter.* Le premier a des serviteurs dévoués et des clients nombreux ; il fait aimer la patrie et le devoir. Le second ne voit que par les yeux des autres. Il n'a que des complaisants ou des craintifs, et, le jour de l'action, indécis et insuffisant, il se trouve incapable de remplir la haute mission que le pays lui a donnée.

C'est pourquoi le troisième échelon, c'est-à-dire l'Académie de guerre, est le couronnement naturel de cet édifice. Les officiers les plus instruits et les plus capables peuvent seuls y parvenir , après avoir passé un certain temps sous les drapeaux et y avoir acquis une instruction pratique convenable. Aussi, à la suite d'un séjour de trois années, leur avance sur leurs anciens collègues devient telle, qu'elle exclut toute idée de comparaison et de jalousie. Quant à l'État, il trouve dans cette pléiade d'officiers instruits, des guides sûrs pour ses troupes, des officiers d'état-major capables, des spécialistes excellents pour les services techniques, enfin des professeurs habiles pour diriger les écoles de guerre et donner une impulsion générale et uniforme à tous les rouages de ce vaste ensemble militaire.

16

Voilà pour l'unité et la méthode. Le côté essentiellement pratique de cet enseignement est également intéressant à constater. Tout, en effet, est subordonné à cette idée. Pas un fait énoncé, sans qu'on en présente immédiatement l'application possible en vue de la lutte ; suppression de ces examens oraux qui empêchent d'apprécier sûrement la valeur des officiers ; à tous les degrés, de nombreux exercices pratiques, des travaux volontaires, tel est le programme particulièrement suivi.

Il ne faut donc pas s'étonner si les conséquences d'un tel système, appliqué avec une rigueur toujours croissante depuis plus de soixante années, ont été considérables. Elles n'ont en effet permis l'arrivée à la tête des affaires militaires que d'hommes d'une capacité indubitable et en état de faire face aux difficultés qui peuvent surgir. Chacun s'est trouvé tout naturellement à sa place. *Grâce au système d'avancement adopté, le calme a remplacé l'inquiétude, ces courses et ces démarches fâcheuses qu'amènent toujours les choix exagérés.* Enfin, le plus grand des avantages de ce système a été d'inspirer la confiance dans les talents et dans la supériorité des chefs. *Or, la confiance est la première des qualités militaires qu'un général doit posséder. Elle seule permet les grandes actions de guerre.*

Le soin apporté dans les examens, soit d'entrée, soit de sortie, pour découvrir les capables et éloigner les insuffisants, est également l'un des côtés les plus particulièrement curieux de cet enseignement, surtout dans un pays où les classifications sociales ont, en certains points, conservé tant d'importance.

Est-ce à dire que cet enseignement soit complet? Non, car il existe une lacune qu'il est impossible de combler. En troisième année, on ne voit en effet pas de cours synthétique, de cours résumant tous les autres, expliquant leurs rapports, soit entre eux, soit avec les services civils, soit avec la science sociale, dont la science de la guerre n'est qu'un facteur. Il en résulte quelque chose de particulariste, d'étriqué, d'égoïste, dans cet enseignement qui forme, pour ainsi dire, un État dans l'État. Le fait n'a rien de surprenant, car la Prusse présente ce phénomène particulier de posséder un système militaire basé sur le service obligatoire et l'instruction obligatoire dans leur acception la plus complète, sans en avoir accepté pourtant les conséquences politiques. Le *cedant arma togæ* y est inconnu. On sent que la lame y use le fourreau. L'armée n'apparaît plus que comme un instrument. Cela est si vrai que des chefs militaires clairvoyants entrevoient le moment où il faudra compter avec cette masse travailleuse et instruite, dont le flot toujours grandissant recouvre déjà les premières marches du monument politique qu'ils ont élevé pour eux seuls. Ils en sont arrivés à redouter la cause même de leurs succès militaires, cette force de remplacement merveilleuse qu'on appelle la landwehr. Pour un peu, ils en reviendraient aux armées permanentes. L'un d'eux exprimait ainsi cette pensée : « Nous sommes condamnés à toujours vaincre, si nous ne voulons pas que la question intérieure prenne le pas sur la question extérieure. » Il ne faut donc pas s'étonner si, à l'Académie de guerre de Berlin, on est dans l'impossibilité d'aborder ces grands problèmes des conditions d'être de la guerre et du rôle des armées dans la nation.

Entre l'enseignement supérieur civil des universités allemandes — de Leipzig en particulier — et l'enseignement militaire supérieur de Berlin, il y a un abîme. Jusqu'ici, grâce au chancelier et au chef d'état-major général de l'armée allemande, la crise a pu être évitée, mais elle n'en est pas moins prochaine, car dans un État, la puissance d'action ne peut pencher indéfiniment d'un seul côté. Armée et pouvoir civil (guerre et paix) sont les deux termes à peu près égaux de la force d'expansion d'une société. Seulement le second terme doit toujours l'emporter, car si le premier est nécessaire dans cette loi de *statique sociale* et y entre comme élément de force, de cohésion, d'énergie et de destruction, par contre, le second représente la stabilité, la paix, le travail, la reconstruction et la reproduction. L'Académie de guerre, en un mot, a donc su produire un instrument *personnel* excellent, mais si délicat à manier, qu'il peut aussi bien blesser celui contre lequel on s'en sert, que celui qui est appelé à s'en servir.

PARALLÈLE

L'ENSEIGNEMENT MILITAIRE ALLEMAND

ET L'ENSEIGNEMENT MILITAIRE FRANÇAIS

(CONCLUSION)

PARALLÈLE

entre l'enseignement militaire allemand[1] et l'enseignement militaire français.

———

Mais il ne suffit pas de constater les faits, il faut encore les comparer les uns aux autres, si l'on veut en rendre la compréhension aisée et l'application possible.

Pour devenir officier en Allemagne, nous l'avons déjà dit, on compte 9 écoles de guerre, y comprise l'école d'artillerie et du génie. En France, pour atteindre le même but, on n'a que trois écoles, l'École militaire de Saint-Cyr, l'École du camp d'Avord et l'École polytechnique. Or, le niveau d'instruction est loin d'être le même dans ces trois établissements. A Saint-Cyr on reçoit une éducation scientifique supérieure à celle donnée dans les écoles de guerre allemandes. Par contre, la préparation militaire pratique y est

1. Voir, comme pièces à l'appui, les tableaux annexes donnant la composition actuelle de nos écoles militaires et leur **prix** de revient.

mauvaise. L'école du camp d'Avord est de tous points inférieure aux écoles de guerre. Quant à l'École polytechnique, l'instruction scientifique qu'on y trouve est d'un niveau beaucoup plus élevé que dans les écoles de guerre allemandes et qu'à Saint-Cyr. A ce point de vue particulier des mathématiques, elle a de l'analogie avec l'enseignement fait en 2e et 3e année à l'Académie de guerre. Mais d'un autre côté, l'éducation militaire pratique y est nulle, puisque la plupart des élèves de l'École polytechnique n'entrent dans l'armée qu'à leur corps défendant, parce qu'ils n'ont pas eu le nombre de points suffisant pour arriver aux services civils.

Pour être admis aux écoles de guerre allemandes, il faut avoir servi au moins cinq mois et être noté comme parfaitement au courant du service militaire intérieur d'un régiment. En France, contrairement au principe du service obligatoire, c'est à l'école d'Avord seulement, que cette condition est remplie, et au delà, puisqu'on doit avoir été proposé pour sous-lieutenant pour arriver à ladite école. A Saint-Cyr on perd un temps précieux avec les exercices et les essais incomplets de la vie militaire. A l'École polytechnique ces exercices sont presque totalement négligés.

Entre les écoles de guerre, l'école d'artillerie et

du génie et l'Académie de guerre, il n'y a pas d'intermédiaire. Comme l'a dit l'auteur de l'*Instruction*, l'Académie représente l'*épanouissement* de l'enseignement militaire de l'armée.

En France, entre les écoles militaires et l'École supérieure de guerre, on compte l'école d'application de Fontainebleau. L'instruction théorique, qu'on y reçoit, correspond à celle de l'Académie de guerre et, l'instruction pratique, à celle de l'école allemande d'artillerie et du génie. En tout cas, elle est supérieure à celle donnée dans l'École supérieure de guerre, et, par conséquent, trop élevée pour le service normal ordinaire à remplir dans les batteries, régiments du génie ou directions.

L'École supérieure militaire de Paris et l'Académie de guerre de Berlin ont fort peu d'analogie.

Les cours sont de trois années à Berlin et de deux années en France.

En Allemagne, tout officier, qui remplit les conditions de l'examen écrit, peut être admis. En France, les anciens élèves de Saint-Cyr et de Fontainebleau seuls peuvent concourir. Or, les officiers sortant de Saint-Cyr ont une instruction scientifique à peu près nulle, ce qui est le contraire pour les anciens élèves de Fontainebleau.

Qu'en résulte-t-il ? C'est qu'à l'École supérieure, on ne peut faire aucun cours de science, ayant trait à la géodésie, à la topographie, aux armes de guerre, aux projectiles, etc. On est dans l'obligation de recommencer ces leçons superficielles qui ne peuvent être que la répétition plus ou moins étendue de celles de l'École militaire de Saint-Cyr et qui ne sont, dès lors, d'aucune utilité pour les officiers sortant de l'École de Fontainebleau. Pour entrer à l'Académie de guerre, on ne subit que des examens écrits sur un sujet identique pour chaque spécialité ; en France, une seule composition est écrite ; tous les autres examens sont oraux.

En Allemagne, les compositions sont personnelles et faites dans les conditions admises pour nos grands concours universitaires. En France, une première exclusion de candidats est faite par les commandants de corps d'armée et le ministre.

D'autre part, il est de toute impossibilité, dans certaines garnisons ou dans certains services, de pouvoir se préparer convenablement à ces épreuves, d'autant qu'il est bien peu de localités qui présentent les ressources de travail suffisantes, par suite de l'absence de toute bibliothèque militaire convenable.

Voici du reste un spécimen des sujets de compositions écrites, proposées en Allemagne, pour être admis à l'Académie de guerre :

Compositions écrites du 1er jour. — 1° Tactique.

— Une division annoncée a été signalée à A. Une division prussienne s'avance par la route de B, précédée d'une avant-garde composée d'un régiment d'infanterie, d'un régiment de cavalerie légère et d'une batterie. En passant à B, le commandant de l'avant-garde reçoit du commandant de la division l'avis suivant : la division bivouaquera à B. Demain, à six heures du matin, elle quittera ce bivouac pour marcher à l'ennemi : le commandant de l'avant-garde laissera, en arrière de B, les troupes dont il peut se passer. Indiquer les dispositions que doit prendre le commandant de l'avant-garde.

2° *Artillerie*. — Quelle est la différence entre la portée d'obus à balles des pièces rayées de campagne et celle des obus à balles de canons lisses de siége courts de 12 ? Si l'on fait usage de l'obus à balles avec les pièces rayées, à quelle distance faut-il fixer le point d'éclatement ? Quelle est en général la trajection des balles des deux espèces d'obus à balles après l'éclatement ?

3° *Topographie*. — Qu'entend-on par interpolation ? Sur quel principe mathématique repose l'interpolation ? De quelle manière, la position du triangle formé par les trois points d'intersection des lignes *de visu* indique-t-elle la valeur de l'erreur produite ? Comment corriger cette erreur par une méthode d'approximation ? Examiner les différents cas qui peuvent se produire, et traiter l'un de ces cas méthodiquement.

Compositions écrites du 2° jour. — *4° Fortifications de campagne.* — Un pont de pontons doit être jeté dans le but de permettre à une division en retraite de passer un cours d'eau. Il doit être couvert par une tête de pont susceptible d'être élevée en 24 heures et d'être défendue par 400 hommes. Déterminer le point le plus favorable pour établir le pont, eu égard à la direction du cours d'eau et à la conformation de ses rives. Fixer les conditions que doit remplir la tête de pont pour assurer à la fois la retraite et couvrir efficacement le pont. Déterminer le plan et le relief de l'ouvrage. Examiner comment des défenseurs établis sur la rive opposée pourront contribuer à augmenter la résistance de la tête du pont.

5° Fortification permanente. — Comment détermine-t-on le profil du pont de l'enceinte d'une place ? Quel est le meilleur profil à adopter pour un pont sec ? Entre quelles limites doivent varier ses dimensions ? Quelles doivent être les dimensions d'un fossé humide ? Quels sont les avantages et les inconvénients de ces deux sortes de fossés ?

Compositions écrites du 3° jour. — *6° Géométrie.* — A quelle distance en ligne droite peut-on commencer à apercevoir de la mer le sommet d'une montagne en supposant que l'œil de l'observateur est à 20 pieds au-dessus du niveau de la mer et que la montagne a une altitude de 10,000 pieds ? Quel est l'angle formé par les deux verticales, passant, l'une par l'œil de l'observateur, l'autre par le sommet de la montagne ? — On donne les dimensions du rayon de la terre : l'influence de la réfraction doit être négligée.

7° *Arithmétique.* — Développer en série une fraction décimale quelconque, au choix du candidat, et évaluer la somme des termes de la série.

8° *Questions supplémentaires au choix du candidat.* — Dans les examens dont nous nous occupons, cette partie supplémentaire contenait cinq questions, toutes relatives au rapport des attractions de la terre et de la lune sur un projectile et au mouvement de celui-ci, étant connus le rayon de la terre, celui de la lune, la plus courte distance entre les surfaces des deux corps, la masse de la terre par rapport à celle de la lune, la vitesse acquise au bout d'une seconde par un corps tombant librement sur la surface de la terre, et étant rappelé qu'un corps situé entre la terre et la lune est soumis à leur double attraction, en raison directe de leur masse et en raison inverse du carré de sa distance au centre de la terre et au centre de la lune.

Compositions écrites du 4ᵉ jour. — 9° *Histoire.* Exposer les causes de la chute de la République romaine.

10° *Géographie.* — Décrire les Alpes, considérées comme sources des grands fleuves de l'Europe.

11° *Langue française.* — Sujet laissé au choix du chef d'état-major du corps d'armée, dont le candidat fait partie.

Qu'on prenne la peine de comparer ces sujets de composition avec ceux qui ont été donnés pour les examens de passage de 1ʳᵉ en 2ᵉ division à l'École militaire supérieure, et l'on sera obligé de reconnaître que l'avantage n'est pas du côté des seconds.

Le tableau ci-contre des matières d'examen exigées dans les deux armées, facilitera mieux encore ce parallèle.

SUJETS D'EXAMEN EN ALLEMAGNE		SUJETS D'EXAMEN EN FRANCE		
Tactique	(comp. écrite).	Tactique (composition écrite (*coefficient*)		3
Artillerie	—	Artillerie	(Examen oral)	2
Topographie	—	Artillerie	—	1
Fortification de campagne	—	»		
Fortification passagère et permanente	—	Fortification	—	1
Géométrie	—	»		
Arithmétique	—	»		
Histoire	—	»		

Géographie	—	Géographie	—	2
»		Art militaire	—	2
»		Administration	—	2
Français	—	Allemand	—	2
»		Équitation		1
»		Cote personnelle		4

Les différences entre les questions posées sont encore plus sensibles. Nous ne les énumérerons pas ici; mais on saisira aisément l'écart qui doit exister entre un sujet de composition écrite et une question orale, pour la solution de laquelle la durée moyenne de l'examen n'a jamais dépassé huit minutes. D'ailleurs, comme les questions varient avec chaque candidat, suivant l'idée personnelle de l'examinateur-assistant, il en résulte une impossibilité presque absolue de comparaison sérieuse.

La manière d'apprécier la force des candidats dans chacune des armées est également intéressante à signaler.

A Berlin, les cotes varient de 1, 3, 5, 7 à 9 (*nul, passable, assez bien, bien* et *excellent*).

En France, les cotes s'élèvent de 1 à 20, de sorte que les chiffres 1, 3, 5, 7, 9 correspondent aux cotes, 0 (nul), 5 (passable), 10 (assez bien), 15 (bien) 20 (excellent).

Or, entre ces cotes 0, 5, 10, 15 et 20, il y a tous les nombres intermédiaires, dont l'application uniforme et juste est indéterminable. En effet, il est

possible de concevoir une réponse, *bien, assez bien*
ou *passable,* mais l'on saisit moins facilement la
nuance qui peut exister entre les chiffres intermédiaires 6, 7, 8, 11, 13 ou 17.

Le *coefficient,* c'est-à-dire, le nombre par lequel
on multiplie les cotes données, n'existe pas en Allemagne. Il en est de même de la cote personnelle.

En Allemagne, il faut avoir la cote minimum 5
(assez bien) ou 10 (de France) dans chaque cours,
pour être admis. En France, l'admission est en
raison du nombre total des points obtenus. Or,
comme le coefficient de la cote personnelle est supérieur à tous les autres, il en résulte que le résultat de l'examen peut parfois devenir illusoire, surtout, pour les derniers numéros de la liste des
admis.

Pour les cours faits dans les deux hauts établissements d'instruction, des différences notables
sont également à constater. Les cours sur les matières suivantes n'existent pas à l'École supérieure
de guerre de Paris :

Les Mathématiques ;

L'Histoire de la guerre ;

L'Histoire actuelle ;

L'Histoire de la littérature ;

La Géographie générale ;

La Géographie militaire ;

La Fortification de campagne ;

La Chimie ;

La Physique expérimentale ;

Le Droit de la guerre ;

Le Service de santé et l'hygiène militaire ;

La Tactique appliquée ;

Le Dessin militaire ;

Le développement historique de chaque cours ;

Les sources où l'on peut puiser pour chaque cours, ainsi que les écrits militaires correspondants ;

La langue russe.

Par contre, l'École supérieure de guerre possède un cours d'équitation et un cours d'administration.

La distribution des livres et documents se fait deux fois par semaine pour chaque subdivision, à l'Académie de guerre. En France, il n'existe rien de semblable.

Pourtant les livres, manuscrits, cartes et documents se rattachant aux affaires militaires sont en nombre fort considérable à Paris ; mais ils sont éparpillés partout dans les bibliothèques publiques, au Ministère de la guerre, au dépôt des fortifications, aux grandes Archives, à la rue Richelieu, à l'Arsenal, aux affaires étrangères, etc. Il en résulte pour l'officier l'impossibilité de remonter aux sources, d'autant qu'un catalogue général des richesses militaires existantes n'a même pas été fait.

Des cours, de leur esprit, des matières enseignées, des méthodes employées, etc., nous ne dirons rien, bien que nous ayons sous les yeux le menu des leçons faites pendant l'année 1876. Ce sont là choses personnelles et délicates qui ne nous concernent pas.

. Nous n'avons eu qu'un but, en publiant, sans critique, les règlements allemands, et en plaçant en regard les dispositions encore en vigueur en France, celui de mettre chacun à même d'apprécier l'état de notre enseignement militaire.

Le degré d'instruction d'un peuple est le thermomètre de sa valeur morale et, par suite, de la perfection de son organisation militaire.

Chaque jour, il faut savoir effacer, corriger, et créer.

Rester un seul instant stationnaire, c'est-à-dire, conservateur sans discernement, c'est s'exposer de bonne volonté à des étonnements cruels et aux désastres immérités.

Partout, en effet, l'on travaille, l'on marche en avant, phénomène curieux qui n'est autre que la traduction pratique de la concurrence des nations et dont le progrès général est le couronnement naturel.

Or, la petite portion de la science de la guerre qui est actuellement mise à la portée de la plupart des membres actifs de ce que l'on appelle l'armée française est à la science elle-même ce qu'est dans le service télégraphique la besogne des bureaux aux travaux des ingénieurs-directeurs ; ce qu'est dans l'horlogerie, l'œuvre de l'habile monteur en boîtes au talent de l'inventeur d'une horloge, comme celle de Strasbourg.

Néanmoins, il n'est pas de jour où l'on ne confonde les deux parties si distinctes de cette science. Bien plus, on paraît même ignorer non-seulement la définition, mais encore le sens et la valeur du mot. Bien peu sont en état d'exprimer la signification et la portée de ce terme, *la guerre*, à l'étude et à l'application de laquelle vingt mille officiers pourtant consacrent tout au moins trente années consécutives de leur existence.

Bien des causes permettent d'expliquer cette lacune dans l'examen des principes supérieurs qui président à cette science si compliquée.

Elles tiennent à l'état du degré d'instruction qu'ont acquis les cadres de l'armée.

En effet, la notion de la guerre, de ses droits, de ses règles, de ses formes, comme de ses causes et de ses conséquences, est chose généralement inconnue des jeunes officiers. Le fait n'a rien de surprenant, puisque, dans les écoles où se préparaient ceux qui se destinent à la carrière des armes, il n'était fait nulle mention de cette partie de la science militaire.

En soi, cette omission est toute naturelle, car il n'y aurait ni utilité ni opportunité à ce que, dans l'état d'avancement de leurs connaissances, les jeunes apprentis guerriers fussent mis au courant de ces questions d'ordre supérieur. Beaucoup d'entre eux d'ailleurs ne seraient pas en mesure de comprendre la valeur de cette partie complémentaire et nécessaire de leur instruction.

Dans ces premières années de préparation, on ne se préoccupe donc, et cela avec beaucoup de raison, que de former d'excellents officiers, en état de remplir les fonctions simples qui leur sont généralement dévolues jusqu'au grade de capitaine inclusivement. N'ayant du reste à s'occuper, dans chacune des armes où ils sont appelés à servir, que d'une méthode pratique peu compliquée, il n'est pas urgent de leur faire connaître les motifs d'adoption de tel ou tel système, ni les origines, ni les rapports de ces efforts multipliés.

Et quand même on serait dans l'intention de leur expliquer les principes généraux qui doivent servir de base à l'élucidation de toutes ces graves questions, on ne le pourrait faire que d'une manière superficielle, à titre de renseignement et pour éveiller la curiosité et fixer l'intérêt de ces jeunes esprits, afin de les engager au travail, avant qu'ils aient la possibilité de diriger des armées et des états-majors ou de faire partie des commissions de réorganisation, de préparation et de surveillance.

L'emploi judicieux des différentes armes, les rapports entre leurs forces respectives et les résultats qu'elles peuvent donner; la connaissance approfondie du terrain, des organisations étrangères, de leurs ressources; l'entretien et l'hygiène des troupes, des armées navales, les marches, les rapports avec les habitants et les autorités, la justice, le recrutement, les rapports avec l'État, avec la nation, les questions budgétaires, les connaissances techniques, l'application de l'industrie à l'armée et à la marine, les droits et les devoirs de la guerre, le droit international, la diplomatie militaire, etc., sont autant de problèmes de l'ordre le plus élevé qui se présentent journellement à l'examen raisonné des officiers des états-majors de toutes armes. Et qui plus est, l'étude de ces graves questions ne doit pas seulement être envisagée pour le moment présent, c'est-à-dire

comme fonction de la *statique militaire*, mais encore sous toutes les faces qu'elles ont eues, qu'elles
ont et qu'elles pourront avoir. Et c'est là même ce
qui rend ce travail si effrayant et si constant,
car, par suite de la perpétuité de la concurrence
des États et par conséquent de celle des armées,
les changements et la constatation de ces changements doivent être examinés à toute heure.
C'est ce que Bonaparte a résumé par cette phrase :
« *Un bon général doit changer de système de
guerre tous les dix ans.* »

En fait de science militaire, comme en tout, il
faut voir d'ensemble. Autant serait insensé celui
qui, pour se faire une idée juste de Paris et de son
étendue, se placerait dans une des rues de l'im-
mense ville, au lieu de monter sur l'Arc de
Triomphe, autant l'est l'officier, voué toute sa vie
à l'étude unique de l'emploi utile d'une arme, qui
songe à traiter les questions d'organisation et
d'ensemble que sa spécialité même et les méthodes d'instruction acceptées jusqu'ici l'ont empêché d'entrevoir.

Mais s'il est impossible de se rendre compte de
l'origine, du but, des causes et des conséquences
de ces luttes humaines, cette difficulté est-elle
moindre dans l'enseignement supérieur de l'Université ? Nous ne le croyons pas. Nulle part, en

effet, on ne trouve de chaire consacrée à l'étude de la science militaire et des rapports de cette science avec les autres parties des connaissances humaines.

A l'École de droit :

On fait bien un cours de droit romain,
De droit français,
De droit coutumier,
De droit des gens,
D'histoire des droits romain et français.

Au Collége de France :

Un cours de droit des gens,
D'histoire des législations comparées,
D'économie politique,
D'histoire des faits et des doctrines économiques.

Au Conservatoire des Arts et Métiers :

Un cours d'économie industrielle et politique,
D'économie politique et de législation industrielle.

A l'École des Chartes :

Un cours d'institutions politiques, administratives et judiciaires de la France.

A l'École des Ponts et Chaussées :

Un cours d'économie politique.

Dans tout cet ensemble, c'est à peine si les deux cours faits à l'École de droit et au Collége de France sur le droit des gens, sont en mesure de permettre à ceux qui les suivent d'acquérir une notion inexacte de la guerre, de ses droits, de ses causes, de ses formes et de ses effets. Mais, bizarrerie étrange, ces cours sont professés par des personnes n'ayant nulle connaissance des choses de la guerre et s'adressant à des hommes qui auront généralement pour programme de combattre les effets et les causes de ces mêmes guerres. En un mot, on trouve bien un enseignement supérieur organisé pour le médecin, l'avocat, l'ingénieur, etc..., mais, aucun, pour le chef de guerre et l'homme politique. L'histoire diplomatique y est chose inconnue.

L'étude du droit constitutionnel est absente.

Pour tout dire, *la science sociale, ce résumé des*

connaissances humaines, ce bréviaire des hommes d'État, n'est présentée nulle part. Et pourtant, il n'est pas aujourd'hui d'homme sensé qui n'admette la nécessité de cours où l'on aborderait :

L'étude ethnographique et géographique du monde habité[1] ;

L'histoire diplomatique de l'Europe depuis le traité de Westphalie ;

L'histoire économique de l'Europe depuis Adam Schmitt ;

L'histoire des progrès agricoles, industriels et commerciaux ;

L'histoire financière de l'Europe ;

L'histoire constitutionnelle de l'Europe depuis 1776 ;

L'histoire législative depuis l'adoption du Code civil ;

L'histoire administrative depuis 1650 ;

L'histoire des religions ;

L'histoire du développement de l'instruction ;

L'histoire sociale depuis 1789 ;

L'histoire des luttes humaines, de leurs transformations, de leurs causes, de leurs effets, de leurs formes, de leur esprit...

---

1. Le récent congrès des sciences géographiques a prouvé l'importance de la vitalité de cette partie de la science.

Enfin un cours résumant les liaisons des différentes sciences entre elles...

Ainsi donc, dans le système d'enseignement supérieur, tel qu'il est organisé, il n'existe pas de préparation convenable *pour l'homme politique et le chef de guerre, ces deux représentants les plus élevés de la société dont ils font partie. En effet, « le chef d'armée en campagne est vis-à-vis « du chef ennemi, comme le plaideur, en face de « son adversaire, devant le tribunal.*

« Tous les deux à ce moment sont la personni« fication de leurs peuples; ils en représentent la « puissance, l'honneur et toutes les facultés. Quant « à l'homme politique, qu'il fasse partie d'un mi« nistère ou d'une assemblée représentative, ou « qu'il soit à la tête d'une ambassade; il est, vis-« à-vis de sa patrie ou de la nation étrangère « auprès de laquelle il est accrédité, comme le « chef d'armée devant son adversaire[1]. »

Il est l'expression de la nation tout entière dans ce qu'elle a de plus généreux.

Il importe donc que ceux qui acceptent ces grandes missions et qui sont chargés de représenter la nation, comprennent la gravité de leur rôle.

____

1. Proudhon. *De la Paix et de la Guerre.*

Cela est d'autant plus urgent que cette connaissance des principes de la science de la guerre, de ses formes et de ses effets, est devenue obligatoire, même pour les personnes qui se vouent aux fonctions civiles.

Au ministère de l'intérieur, sous-préfets, préfets, ministres, n'ont-ils pas à traiter continuellement des affaires de tirage au sort, de recrutement, de révision, de réserve, d'armée territoriale, de statistiques, d'approvisionnements, de marchés? Au ministère des travaux publics, ingénieurs et ministre n'ont-ils pas journellement à préparer des tracés de route, de chemins de fer qui sont d'une telle importance pour la conduite des armées?

A l'instruction publique, professeurs, proviseurs et ministre, ont à s'occuper de la grave et importante préparation de l'enfance à l'entrée au service après le tirage au sort, aux devoirs à remplir envers la patrie et à l'admission aux Écoles militaires.

A la marine, préfets maritimes, ingénieurs hydrographes, constructeurs, officiers, ministre, ont également à examiner des questions dont la connexité avec celles relatives à l'armée de terre est tellement naturelle, qu'il est impossible de séparer plus longtemps l'étude de l'emploi scientifique des forces de terre et de mer.

Aux affaires étrangères, consuls, attachés, ambassadeurs, ministre, ont perpétuellement à apprécier et à juger les intérêts internationaux en litige. Ce sont eux qui sont, à peu de chose près, les initiateurs et les préparateurs des luttes humaines. La guerre est de leur compétence, puisqu'ils ont à surveiller la concurrence des gouvernements et des nations. Agents de la guerre, ils en ignorent pourtant les principes.

Mais à quoi bon multiplier les exemples ? Tous, fonctionnaires, chefs et ministres, employés et administrateurs de grandes compagnies ont à s'occuper de leur personnel, de leur matériel et de l'emploi le plus pratique de ces deux éléments à l'heure de la mobilisation, de l'appel de l'armée territoriale et de leur juxtaposition nécescessaire dans les services militaires.

Or, pour bien comprendre des devoirs aussi multiples, il est urgent que ces fonctionnaires civils de grades élevés aient, au même degré que les chefs militaires, des notions générales de leurs droits et de leurs devoirs respectifs, vis-à-vis des armées de terre et de mer. Et pour atteindre ce but que faut-il? dans l'enseignement supérieur, c'est-à-dire, dans cette sorte d'Académie de la paix, des cours corollaires de ceux de l'École supérieure de guerre, où l'on puisse acquérir des connaissances suffisantes pour traiter avec compétence ces questions si diverses.

Du reste, dans ces dernières années, la France, malgré l'épreuve terrible qu'elle venait de subir, a présenté un exemple frappant des indécisions résultant de cette lacune dans l'éducation nationale. Pour l'armée particulièrement, tous les projets ont eu un caractère d'incohérence bizarre, provenant d'un désir naturel de bien faire et d'une crainte plus grande encore d'innover.

Nulle part, une grande idée, résultant d'une réelle unité de vues, n'est venue s'imposer aux mandataires du pays ou à l'opinion publique.

Mais ces inconséquences apparentes sont de toutes les nations. La Belgique, la Hollande et l'Angleterre, avec leur résistance à toute modification du système militaire adopté par le restant de l'Europe, nous offrent un spécimen instructif et frappant de ces hésitations.

Or, ce qui se passe sous nos yeux pour de simples applications des nécessités de la guerre se présente également pour ses formes.

La codification du droit de la guerre ne peut encore rencontrer un accord satisfaisant entre les différentes puissances. Depuis les guerres d'Amérique et d'Italie pourtant, l'élucidation de ces problèmes internationaux a su passionner l'opinion.

Dans ce sens, l'instruction, rédigée par le Nord pour les armées actives de l'Union opérant dans le Sud, a été un premier essai de constitution des lois de la lutte continentale.

Les règles adoptées par la Convention de Genève de 1864, les modifications apportées à cette dernière en 1866, la réglementation sur l'emploi des projectiles acceptée par la convention de Saint-Pétersbourg de 1868, la création de la société pour l'amélioration du sort des prisonniers de guerre, les travaux de P.-J. Proudhon, de Buntschli, de Martens, de Mariani, de Séverino-Zanelli, de Jomini, etc., sont autant de preuves des efforts répétés depuis peu pour le même objet.

En dernier lieu enfin, les conférences de Bruxelles[1], dues à l'initiative de la Russie, ont donné un réel élan à l'étude de ces graves problèmes de la guerre.

Mais ces tentatives mêmes, qui n'ont pourtant trait qu'à l'une des faces de cette grande question, n'ont fait que démontrer une fois de plus les divergences de vues existant encore aujourd'hui et variant de nation à nation.

Il faut reconnaître toutefois qu'un résultat con-

___

1. Projet de convention du cabinet de Saint-Pétersbourg, du 17 avril 1874 (réunion du congrès le 27 juillet 1874).

traire eût été surprenant. Il était, en effet, inadmissible de supposer que les représentants de puissances diverses, c'est-à-dire d'intérêts présents et futurs, différents, et de projets avoués ou inavoués, pussent s'entendre sur les moyens de réglementer des formes de la guerre, avant de s'être préoccupés des origines et des causes de cette même guerre.

En agissant comme ils l'ont fait et en cherchant seulement à déterminer les procédés convenables pour tuer ou annexer les gens, les membres du congrès de Bruxelles ressemblaient donc à ces chirurgiens qui, se trouvant en présence de malades gravement atteints, discuteraient longuement l'opération possible, au lieu d'employer ce temps perdu à guérir ou tout au moins à rendre l'opération inutile.

Or, au lendemain d'une secousse aussi considérable que celle de 1870, et à la veille d'événements qui peuvent être appelés à transformer l'Europe, cette sorte de faiblesse de l'esprit humain est préjudiciable aussi bien au progrès général qu'à l'intérêt individuel. Pour la France, la Belgique, la Hollande, l'Espagne, l'Italie, elle est désastreuse, car il s'agit d'être ou de ne pas être, *to be, or not to be*. Mais, nous le répétons, il ne faut pas s'effrayer outre mesure de cette situation. Les questions qu'embrasse ce simple mot, la guerre, sont multiples. Hier encore, la préparation à l'examen de ces dilemmes qui mettent en jeu l'existence des sociétés et qui exigent des études générales, était abandonnée ou déclarée inutile. Aujourd'hui, la nécessité d'élever le niveau scientifique des cadres élevés des armées s'est imposée partout avec une rigueur absolue.

En France, l'installation d'une école militaire supérieure est un fait accompli. Il ne s'agit plus que de perfectionner l'œuvre si vaillamment entreprise et de lui donner, par la consécration solennelle d'une loi, la valeur et la place qui lui conviennent dans le système général de notre éducation nationale.

Il importe de faire de cette institution, une Académie véritable, où les études relatives à chacun des services militaires puissent trouver leur développement le plus étendu, où toutes les richesses en manuscrits, livres, modèles, cartes, etc., se rapportant à la science de la guerre, soient accumulées, où toutes les plus hautes sommités civiles et militaires soient appelées à l'honneur de professer librement. Il faut faire coordonner cet enseignement supérieur avec celui déjà donné pour arriver à l'épaulette, de manière à éviter les diversités d'origine et d'éducation, toujours préjudiciables à l'unité de l'armée et à la discipline. En un mot, il faut échelonner l'instruction :

Au premier degré, l'instruction nationale obligatoire, grâce à laquelle chacun puisse se préparer à remplir, en connaissance de cause, ses devoirs de citoyen et de soldat.

Au deuxième degré (pour la carrière militaire), *les écoles de sous-officiers*.

Au troisième degré, les écoles préparatoires d'officiers de toutes armes (infanterie, cavalerie, artillerie, génie, administration, service de santé).

Au quatrième degré et comme couronnement de ce perfectionnement successif, *l'École militaire supérieure*, pour les officiers appelés aux fonctions du généralat, des états-majors, de chefs des services techniques du génie, de l'artillerie, de la géodésie, de la topographie et de la cartographie, etc.

Il est nécessaire enfin de rattacher cet enseignement à celui donné par l'université (cette sorte d'académie de paix), afin de faire un grand tout, national et patriotique, de cet ensemble des forces morales et intellectuelles de la société française.

La Chambre, la Commission du budget et le nouveau Ministre de l'instruction publique viennent de nous tracer magistralement la voie à suivre. Sachons donc l'achever rapidement, principalement pour ce qui concerne l'armée, car cette dernière, à l'heure critique, représente la nation tout entière dans ce qu'elle a de plus énergique et de plus généreux et, de sa valeur, dépend l'existence même de la France.

Paris, 11 janvier 1877.

APPENDICE

PIÈCES ANNEXES & JUSTIFICATIVES

———

Les Écoles militaires françaises

—

Pour faciliter les études de comparaison entre les méthodes d'enseignement de France et celles adoptées à l'étranger, nous donnons ci-contre l'état du personnel de chaque école militaire française et des frais que leur installation actuelle impose au budget.

L'article 28 de la loi du 13 mars 1875 énumère, ainsi qu'il suit, les écoles militaires de l'armée :

Le Prytanée militaire ;

L'École polytechnique ;

L'École spéciale militaire de Saint-Cyr ;

L'École d'application de l'artillerie et du génie ;

L'École d'application d'état-major ;

L'École d'application de cavalerie ;

L'École de médecine et de pharmacie militaire ;

L'École d'administration de Vincennes ;

Les Gymnases militaires;

Les Écoles régionales de tir;

Les Écoles régimentaires;

Les Écoles d'artillerie;

Les Écoles de sous-officiers;

Les Écoles d'enfants de troupe.

La composition du personnel militaire attaché aux Écoles est déterminée par les décrets d'organisation.

Il n'y a en France, ni commission supérieure des études, ni inspection générale des établissements militaires d'instruction et d'éducation, ni commission supérieure des examens, ni inspection des Écoles de guerre, etc.

L'École d'application d'état-major a été remplacée par l'École militaire supérieure, par décret présidentiel de janvier 1876.

L'École militaire supérieure

A PARIS.

—

Elle comprend, d'après les tableaux budgétaires :

Personnel militaire

1 Général de division, commandant   (détaché)
1 Colonel d'état-major..............   —
1 Lieutenant-colonel d'état-major.   —
3 Chefs d'escadron d'état-major...   —
3 Capitaines d'état-major.........   —
2 Sous-intendants militaires......   —
1 Chef d'escadron d'artillerie......   —
1 Capitaine d'artillerie...........   —
1 Colonel du génie...............   —
1 Lieutenant-colonel du génie.....   —
1 Chef de bataillon du génie.......   —
1 Capitaine de génie..............   —
1 Lieutenant-colonel d'infanterie..   (hors cadre)
1 Chef de bataillon d'infanterie...   —
2 Capitaine d'infanterie..........   —
1 Chef d'escadron de cavalerie....   —

  3 Capitaines de cavalerie..........   —
  1 Médecin-major de 1re classe.
  1 Médecin aide-major de 1re classe.
  1 Vétérinaire en 1er.
  1 Adjudant d'administration en 2e.
114 Capitaines, élèves.
 30 Lieutenants, élèves.
 15 Sous-officiers, brigadiers et soldats.
 56 Sous-officiers, brigadiers et soldats.

Personnel civil

  3 Professeurs.
  2 Personnel d'administration.
  9 Agents secondaires.

—

Pour le personnel, les frais montent à....... 941.044
Pour le matériel,   '   —   à.......   98.000
                                              1.039.044

Total : 1 million 39 mille francs, pour 144 élèves.

École d'application de l'artillerie et du génie

A FONTAINEBLEAU

—

Personnel militaire

1 Général de brigade, commandant. (détaché)
1 Lieutenant-colonel d'artillerie... —
3 Chefs d'escadron d'artillerie..... —
9 Capitaines d'artillerie........... —
1 Garde principal d'artillerie de 2ᵉ
 classe......................... —
1 Garde d'artillerie de 3ᵉ classe... —
1 Colonel du génie............... —
2 Lieutenants-colonels du génie... —
4 Chefs de bataillon du génie...... —
10 Capitaines du génie............ —
1 Adjoint du génie, principal de 1ʳᵉ
 classe......................... —
1 Capitaine d'infanterie.......... (hors cadre)
5 Capitaines d'artillerie (de corps).. (détachés)
3 Lieutenants d'artillerie......... —
1 Médecin principal de 1ʳᵉ classe.
1 Médecin aide-major de 1ʳᵉ classe.

7 Lieutenants en 1er, suivant les cours.......................... (détachés)

2 Lieutenants en 2e, suivant les cours....................... —

1 Lieutenant en 2e, suivant les cours. —

340 Sous-lieutenants, élèves.

Personnel civil

1 Professeur.

13 Personnel d'administration.

15 Agents secondaires.

—

Pour le personnel, les dépenses s'élèvent à.   1.206.875

Pour le matériel,   —   à.   200.000

1.406.875

Total : 1 million 406 mille 875 francs.

École d'application de cavalerie

A SAUMUR

—

Personnel militaire

 1 Général de brigade, commandant.   (détaché)
 1 Chef d'escadron d'état-major....   —
 1 Capitaine d'état-major..........   —
 1 Capitaine d'artillerie............   —
 1 Sous-lieutenant d'artillerie......   —
 1 Colonel de cavalerie............. (hors cadre)
 4 Chefs d'escadrons de cavalerie...   —
23 Capitaines de cavalerie...........   —
 9 Lieutenants de cavalerie.........   —
 1 Sous-lieutenant de cavalerie.....   —
 1 Médecin principal de 1re classe.
 1 Médecin-major de 1e classe.
 1 Médecin aide-major de 1re classe.
 1 Vétérinaire principal de 2e classe.
 1 Vétérinaire en premier.
 1 Vétérinaire en second.
 1 Chef d'escadron d'artillerie......   (détaché)
 1 Capitaine d'artillerie.............   —

1 Officier d'administration, comptable de 1re classe..... ....   —

4 Capitaines de gendarmerie, officiers d'instruction..............   —
7 Lieutenants de gendarmerie, *id*..   —
2 Capitaines de cavalerie, *id*......   —
21 Lieutenants en 1er, *id*...........   —
10 Lieutenants en 2e, *id*...........   —
2 Capitaines d'artillerie, *id*.......   —
12 Lieutenants d'artillerie, *id*.......   —
22 Lieutenants d'artillerie, *id*......   —

62 Sous-lieutenants, élèves..........   —
39 Aides-vétérinaires stagiaires.
166 Sous-officiers, caporaux ou soldats.
194 Élèves, sous-officiers, brigadiers ou soldats.   —
69 Ordonnances, soldats...........   —
122 Cavaliers de manége.
8 Personnel civil d'administration.
34 Agents secondaires civils.

—

Le total des dépenses s'élève pour le personnel à... 1.186.688
    —   pour le matériel à.....   52.700

1.239.388

Total : 1 million 239 mille 388 francs.

École polytechnique

A PARIS

—

Personnel militaire

1 Général de brigade, commandant. (détaché)
1 Colonel d'artillerie, commandant
 en second......................   —
1 Chef d'escadron d'artillerie......   —
4 Capitaines d'artillerie..........   —
3 Capitaines du génie.............   —
1 Médecin principal de 1re classe.
1 Médecin-major de 2e classe.
23 Sous-officiers, brigadiers, caporaux ou soldats.

Personnel civil.

39 Professeurs et répétiteurs.
17 Personnel d'administration.
46 Agents secondaires.

—

Les dépenses pour le personnel s'élèvent à..   426.242
    —   pour le matériel s'élèvent à...   825.680

1.241.922

Total : 1 million 241 mille 922 francs.

École spéciale militaire

A SAINT-CYR

—

Personnel militaire

1 Général de brigade, commandant.   (détaché)
1 Chef d'escadron d'état-major.....   —
1 Capitaine d'état-major...........   —
1 Chef d'escadron d'artillerie......   —
4 Capitaines d'artillerie...........   —
1 Garde d'artillerie de 2ᵉ classe....   —
1 Chef de bataillon du génie.......   —
3 Capitaines du génie..... ....   —
1 Adjoint du génie, principal de 2ᵉ
   classe........................   —
1 Lieutenant du génie............   —
1 Colonel d'infanterie............   (hors cadre)
2 Chefs de bataillon d'infanterie..   —
17 Capitaines d'infanterie.........   —
24 Lieutenants d'infanterie........   —
1 Lieutenant-colonel de cavalerie..   —
2 Capitaines de cavalerie..........   —
6 Lieutenants de cavalerie........   —
1 Médecin principal de 1ʳᵉ classe.

19

1 Médecin-major de 1re classe.
1 Médecin aide-major de 1re classe.
1 Officier d'administration, comptable de 1re classe..
2 Adjudants d'administration en 1er.
1 Vétérinaire en 1er.

———

750 Élèves.
109 Sous-officiers, caporaux, brigadiers et soldats.
55 Cavaliers de manége.

Personnel civil.

7 Professeurs, répétiteurs, etc.
10 Personnel d'administration.
52 Agents secondaires.

———

Les dépenses pour le personnel sont de.... 762.850
— pour le matériel sont de...... 902.500
                                         ————————
                                         1.665.350

Total : 1 million 665 mille 350 francs.

———

École de sous-officiers d'infanterie

AU CAMP D'AVORD

—

L'École de sous-officiers a été instituée par décret du 4 décembre 1874, en vue de compléter et de perfectionner l'instruction des sous-officiers d'infanterie proposés aux inspections générales pour le grade de sous-lieutenant.

Les cours commencent le 1er janvier et finissent le 31 décembre de chaque année.

Nul ne peut être promu sous-lieutenant s'il n'a suivi ces cours et s'il n'a obtenu un certificat constatant qu'il a satisfait aux examens de fin d'année. Il n'est fait d'exception à cette disposition de principe que pour les cas spéciaux : actions d'éclat, services hors ligne dûment justifiés.

Personnel militaire

1 Chef de bataillon d'infanterie, commandant .... (détaché)
9 Capitaines d'infanterie.......... —
8 Lieutenants d'infanterie......... —

6 Sous-lieutenants d'infanterie....   —

1 Médecin-major de 2ᵉ classe......   —

64 Sous-officiers, brigadiers, caporaux et soldats.

500 Sous-officiers élèves.

—

Les dépenses pour le personnel s'élèvent à..... 489.744

   —   pour le matériel   — à.... 82.000

                       571.744

Total : 571 mille 744 francs.

Prytanée militaire

LA FLÈCHE

—

Cet établissement, réorganisé par décret du 8 novembre 1859, est destiné à l'éducation de fils d'officiers sans fortune ou de sous-officiers morts au
champ d'honneur.

Personnel militaire

 1 Général de brigade, commandant. (détaché)
 1 Colonel d'infanterie. . . . . (hors cadre)
 1 Major d'infanterie. . . . .   —
 1 Capitaine d'infanterie. . . . . . .   —
 1 Capitaine-trésorier d'infanterie. .   —
 3 Lieutenants d'infanterie. . . . . .   —
 1 Sous-lieutenant d'infanterie . . .   —
 1 Sous-lieutenant de cavalerie. . .   —
 1 Officier d'administration principal. . . . . (détaché)
 1 Adjudant d'administration en 1er.   —
 1 Adjoint du génie de 2e classe. . .   —
33 Sous-officiers, caporaux, brigadiers et soldats.

18 Cavaliers de manége.

Personnel civil

52 Professeurs et répétiteurs.
11 Personnel d'administration.
44 Agents secondaires.

Les dépenses du personnel sont de........... 358.246
— du matériel sont de............ 341.291
699.537

Total : 699 mille 537 francs..

École d'essai des enfants de troupe

A RAMBOUILLET

—

L'École d'essai des enfants de troupe est instituée conformément au décret du 24 avril 1875 et au règlement du 23 juillet suivant.

Le but de cette École est d'élever et de diriger vers la profession militaire les enfants qui y sont admis et de leur donner les aptitudes nécessaires pour devenir de bons sous-officiers.

—

  1 Chef de bataillon d'infanterie, commandant...................... (détaché)
  1 Lieutenant d'infanterie.......... —
  2 Sous-lieutenants d'infanterie..... —
  1 Adjudant d'administration en 1er —
  1 Médecin aide-major de 2e classe.
 33 Sous-officiers, caporaux et soldats.
400 Enfants de troupe, élèves.

—

Les dépenses s'élèvent pour le personnel à..... 88.770
—   —   pour le matériel à...... 43.326

132.096

Total : 132 mille 96 francs.

École de médecine et de pharmacie

A PARIS

—

L'École de médecine et de pharmacie a été instituée par le décret du 9 août 1850 et organisée par les décrets du 13 novembre 1852 et du 12 juin 1856, et par la décision présidentielle du 5 octobre 1872.

Le séjour à l'École est de deux années.

—

1 Médecin inspecteur, directeur.
5 Médecins principaux de 1re classe.
5 Médecins-majors de 1re classe.
6 Majors de 2e classe.
5 Aides-majors de 1re classe.
1 Officier d'administration, comptable de 1re classe........ .... (détaché)
1 Adjudant d'administration en 1er.   —
1 Adjudant d'administration en 2e.   —

—

100 Stagiaires.

117 Élèves stagiaires.

19 Sous-officiers, caporaux et soldats.

—

Les dépenses du matériel comptent pour... 201.120
Celles du personnel sont de................ 824.573

1.026.693

Total : 1 million 26 mille 693 francs.

École d'administration

A VINCENNES

—

L'École d'administration à Vincennes a été organisée par décret du 21 juillet 1875. Elle est destinée à former le personnel nécessaire au recrutement des officiers d'administration des bureaux de l'intendance militaire, des hôpitaux, des subsistances, de l'habillement et du campement.

L'École reçoit par voie de concours, les sous-officiers de toutes armes admis au stage administratif, et les engagés conditionnels de sections de commis et ouvriers militaires d'administration et d'infirmiers militaires, qui, ayant satisfait à des examens spéciaux, demandent à rester une année de plus pour obtenir un brevet d'adjudant d'administration auxiliaire.

L'ouverture des cours a lieu, chaque année, le 5 novembre, et la clôture, le 30 septembre suivant.

1 Sous-intendant de 1re classe, directeur . . . . (détaché)
1 Officier d'administration, principal. . . . . —
1 Officier d'administration de 2e classe . . . . —
4 Adjudants en 1er. . . . . —
1 Adjudant en second. . . . . —
25 Sous-officiers, caporaux et soldats.
100 Sous-officiers stagiaires.

Les dépenses s'élèvent pour le personnel à... 129.178
—   —   le matériel à..... 6.770

135.948

Total : 135 mille 948 francs.

L'École normale de gymnastique

A JOINVILLE-LE-PONT

—

L'École normale de gymnastique comprend deux sections : la gymnastique et l'escrime. Elle est destinée à fournir à un certain nombre d'officiers, de sous-officiers, de caporaux et de soldats, un enseignement spécial, qu'ils puissent reporter dans les corps de troupe.

Elle revient, comme dépense totale, à 462.882 francs.

Les Écoles régionales de tir

—

En vertu des décisions ministérielles des 29 septembre et 2 novembre 1874, il a été créé des écoles régionales de tir au camp de Châlons, au camp de Ruchard, au camp de la Valbone et à Blidah.

Il y a dans chaque école huit cours par an. Ces cours sont de deux mois 25 jours pour les officiers et commencent les 15 janvier, 20 avril et 10 octobre. Ils sont de deux mois 10 jours pour les sous-officiers et commencent les 1ᵉʳ février, 15 mai et 25 octobre.

Ces écoles reviennent dans leur ensemble à 940 mille 334 francs.

—

Nous ne parlerons que pour mémoire des *Écoles d'artillerie*, de l'*École centrale de pyrotechnie militaire* et des *Écoles régimentaires du génie*.

—

Ces différents centres d'enseignement, à part les établissements que nous venons d'énumérer plus haut, exigent donc une dépense totale de :

11 millions 907 mille 233 francs.

Pièce annexe n° 2

L'Instruction des officiers dans l'armée Russe

—

Les tableaux ci-joints, relatifs à l'état de l'instruction des officiers de l'armée russe, que nous donnons d'après le *Voënny Sbornik* et la *Revue Scientifique*, permettront de se faire une idée exacte des efforts tentés par le gouvernement impérial. Ils feront mieux saisir là valeur des réflexions, dont nous avons fait suivre l'exposition du fonctionnement de l'Académie Nicolas.

—

TABLEAU I

DÉSIGNATION DES ARMES	En 1866			En 1871			Progrès réalisés de 1866 à 1871
	Pour 100 des instruits	Pour 100 des non-instruits	Différence	Pour 100 des instruits	Pour 100 des non-instruits	Différence	
Infanterie......	56.50	43.50	+13.00	72.00	28.00	+44.00	+31.00
Cavalerie......	65.97	33.90	+32.07	74.10	25.92	+48.18	+16.11
Artillerie.......	97.82	2.41	+95.41	92.70	7.26	+85.44	— 9.97
Génie	92.57	8.44	+84.13	87.66	13.31	+75.35	— 8.78
Troupes d'instr.	94.16	5.88	+88.28	90.97	12.36	+78.61	— 9.67
Bat. de réserve.	74.83	25.08	+49.75	78.72	22.28	+56.44	+ 6.69
Troupes locales.	63.72	35.36	+28.36	64.03	36.95	+27.08	— 1.28
Ensemble de l'armée.......	»	»	»	»	»	»	+22.10

Tableau II

	INFANTERIE				CAVALERIE		ARTILLERIE				
	De la garde	Grenadiers	De la ligne	Bataillons des lignes (1)	De la garde	De la ligne	De la garde	Des grenadiers	De campagne	Brigades de parc	De forteresse
Pour 100 officiers sortant des :											
Cadets et écoles militaires............	73.04	43.10	24.05	32.77	73.73	40.57	84.29	90.10	90.94	70.22	65.36
Universités, etc......................	1.75	1.92	1.90	0.83	5.79	2.80	1.65	»	1.42	3.81	2.35
Gymnases, séminaires, etc............	5.47	8.60	8.90	15.64	2.35	8.23	4.13	5.49	3.15	6.10	8.47
Total pour 100 des bien instruits..	80.26	53.62	33.85	48.24	81.87	51.60	90.07	95.59	95.51	80.23	76.18
Pour 100 officiers venant des :											
Ecoles de districts	2.56	9.28	10.93	13.12	1.26	6.28	0.82	»	0 40	»	9.20
Ecoles de younkers...................	8.50	5.84	10.91	3.26	9.42	7.93	1.65	»	2.13	9.22	7.70
Sans instruction.....................	7.46	32.49	44.24	34.35	6.70	37.16	4.95	4.39	1.93	9.92	34.98

(1) Les *bataillons des lignes*, qu'il ne faut pas confondre avec l'infanterie de la ligne, sont des bataillons-frontières tenant garnison dans le Turkestan, le Caucase, en Sibérie, etc.

Tableau III

	Années	Infanterie	Cavalerie	Artillerie	Génie	Troupes d'instruction	Bataillons de réserve	Troupes locales
Pour 100 d'officiers ayant suivi complétement les cours des								
Académies militaires...................	1866	1.36	2.29	5.57	5.06	1.85	»	2.75
	1871	1.48	1.91	4.39	5.51	3.27	»	0.97
Écoles militaires.......................	1866	12.40	25.20	17.60	35.86	3.70	7.89	12.20
	1871	18.08	34.30	28.80	44.30	20.00	9.42	7.03
Corps de cadets.......................	1866	16 50	20.60	63.00	44.70	61.10	30.60	26.10
	1871	12.10	9.15	45.00	15.80	59.25	26.57	17.40
Écoles de younkers....................	1866	6.90	3.86	2.68	3.37	3.92	2.36	3.66
	1871	19.91	15.11	6.25	5.14	»	6.28	8.69
Total pour 100 d'officiers ayant reçu une instruction spéciale *bonne* ou *satisfaisante*.......	1866	37.16	51.95	88.85	88.99	70.57	40.85	44.71
	1871	51.57	60.47	84.44	70.75	82.52	42.27	34.09
N'ayant pas suivi de cours réguliers........	1866	62.84	48.05	11.15	11.01	29.43	59.15	55.29
	1871	48.43	39.53	15.56	29.25	17.48	57.73	65.91

Des chiffres de ces tableaux on tire les conclusions suivantes :

1° L'homogénéité n'existe pas dans les cadres
de l'armée russe au point de vue de l'instruction;

2° La variété d'origine et de niveau d'éducation
se rencontre à tous les grades et dans toutes les
armes;

3° C'est dans la garde que l'instruction est la
plus grande. L'artillerie seule présente un caractère plus uniforme; elle passe donc avec raison
pour être la meilleure de l'armée russe. C'est dans
l'artillerie en effet que se trouve la proportion *minima* d'officiers non instruits et c'est encore
cette arme qui possède le plus d'officiers ayant une
bonne instruction;

2° Les troupes locales sont les moins favorisées
sous ces deux rapports;

5° Au point de vue des progrès réalisés, l'infanterie vient en première ligne, la cavalerie et le bataillon de réserve arrivent ensuite, tandis qu'il y a
recul dans les autres armes.

L'École de guerre Belge

A BRUXELLES

Ses conférences.

—

Si le cadre de notre étude ne nous a pas permis de rendre compte, comme nous l'eussions désiré, de l'état de l'enseignement militaire supérieur en Angleterre, en Autriche-Hongrie, en Espagne, en Amérique, nous tenons tout au moins à signaler à l'attention de nos lecteurs l'institution des conférences de l'école de guerre belge, due au colonel baron Jolly, commandant de l'école.

Cette création date du 19 juin 1876. Elle est destinée à former un centre de réunion, où tous les officiers de toutes armes puissent s'occuper en commun de travaux militaires.

Elle remplit le même rôle, mais dans un ordre plus élevé que celui recherché par la *Réunion des officiers de la rue de Bellechasse, à Paris.*

Depuis le 19 juin 1876, douze conférences ont été faites à l'école de guerre successivement par :

MM. *Hennequin,* capitaine d'état-major ;
    Thys, lieutenant-adjoint d'état-major ;
    Chauvin, capitaine d'état-major ;
    Perier, capitaine d'artillerie ;
    Hamalryk, capitaine d'état-major ;
    Pilloy, capitaine d'état-major ;
    Pecquereau, major d'artillerie ;
    Mueser, lieutenant d'artillerie ;
    Girard, capitaine du génie ;
    Maubeuge, capitaine d'artillerie ;
    Hynderick, capitaine d'état-major.

Tous ces Messieurs, sauf deux, sont professeurs à l'école de guerre.

Nous signalons d'autant plus volontiers ce fait, que nous regardons comme absolument nécessaire de faire de notre *École supérieure de guerre* le centre du mouvement intellectuel élevé de l'armée. Nous souhaiterions même qu'à défaut de cercles et de centres de réunion, le ministre de la guerre et le ministre de l'instruction publique, agissant de concert, organisent partout où il y a des facultés, partout où il y a des écoles militaires et des grands centres d'instruction, des conférences du même genre, où toutes les questions, soit civiles, soit militaires, ayant un intérêt commun, fussent l'objet d'études orales, faites par des professeurs et des chefs militaires, et cela, en toute liberté d'opinion et de manière de voir.

Les seules conditions seraient de ne faire aucune allusion, même indirecte, aux personnalités existantes et de soumettre à la sanction de l'autorité militaire supérieure locale et du doyen de la Faculté, le sujet de la conférence qui aurait été choisi.

—

Liste des officiers élèves de l'Académie de guerre de Berlin

—

Pour compléter les renseignements que nous avons donnés, relativement à l'Académie de guerre de Berlin, nous donnons, ci-dessous, la liste par régiment des officiers élèves détachés à ladite École, pour l'année scolaire 1876-1877.

—

1er régiment de la garde.	Sd lt d'Avensleben.
—	— de Molke.
—	— de Lœwenfeld.
—	— de Der Goltz.
2e —	— Kuehne.
—	— de Lüdinghausen 1er
—	— de Lüdinghausen 2e.
—	— de Gœrne.
—	— de Gross.

1ᵉʳ régimᵗ de grenadiers.		de Kries.
—	—	de Wolffersdorft.
—	—	de Hulfen.
—	—	de Borries.
2ᵉ —	Lieuᵗ	de Rosemberg-Grus-czynscki.
—	—	de Willewski.
—	—	de Ollech.
—	Sᵈ lᵗ	Neubronn de Eisen-burg.
Régᵗ de fusilˢ de la garde	Lieuᵗ	de Voss.
—	—	Eschenburg.
—	Sᵈ lᵗ	de Weller.
—	—	de Twardowski.
—	—	de Voigts-Rhetz.
—	—	de Bremen.
3ᵉ régiment de la garde.	Lieuᵗ	de Dewitz.
—	Sᵈ lᵗ	de Voigts-Rhetz.
—	—	de Dertzen.
4ᵉ —	Lieuᵗ	de Westernhagen.
—	—	de Gossler.
—	Sᵈ lᵗ	de Bagensky,
3ᵉ régᵗ de grenʳˢ de la gᵈᵉ	Lieuᵗ	de Wrochem.
—	Sᵈ lᵗ	de Schramm.
—	—	de Jordan.
—	—	de Kohrscheidt.
4ᵉ —	—	de Bleul.

Bat. de chasˢ de la gᵈᵉ.   — »
Bat. de schüt. de la gᵈᵉ.   —   de Besser.
Infant. régᵗ nº   1. Sᵈ lᵗ Kloht.
        —   2. Lieuᵗ Crelinger.
                              Sᵈ lᵗ Gaede.
        —   3.   — »
        —   4. Lieuᵗ de Drygalsky.
        —   5.   — »
        —   6. Sᵈ lᵗ Eberhard.
        —   7. Lieuᵗ de Grotthüss.
                              Sᵈ lᵗ de Poncet.
        —   — de Wrochem.
        —   — de Hallfeld.
        —   8. Lieuᵗ Wunderlich.
        —   Sᵈ lᵗ de Puttkamer.
        —   — de Strantz.
        —   9.   — de Schack.
        —   10.   — de Brixen.
        —   — Dietrich.
        —   11.   — »
        —   12.   — »
        —   13.   — »
        —   14.   — de Zwehl.
        —   15. Lieuᵗ de Seydlitz.
        —   16.   — »
        —   17.   — Gillmeister.
        —   Sᵈ lᵗ Bliedung.

Infant. rég^t n°   — Kund.

—   18 — »
—   19. Lieu^t Hohne.
—   19. S^d l^t Lueder.
—   20. — La Baume.
—   21. — Schreiber.
—   22. — de Paczensky et Tenczin.
—   23. — de Charmier.
—   24. Lieu^t de Rosainski.
—   S^d l^t Doring.
—   25. — Gottwald.
—   26. Lieu^t Schultz.
—   S^d l^t Von und zu Eglolstein.
—   27. Lieu^t de Hecringen.
—   — Bennecke.
—   S^d l^t de Manteuffel.
—   28. — Beuther.
—   29. Lieu^t Protzen.
—   S^d l^t Henzen.
—   — Gresel.
—   30. Lieu^t Zahn.
—   S^d l^t Paulitzky.
—   31. Lieu^t de Seydlitz.
—   31. — Hagemeister.
—   S^d l^t de Kotze.
—   32. — »
—   33. — Reckem.

Infant. régᵗ nº   — Bigge.
     —   — Hunger.
     —   34. Lieuᵗ de Pfeil.
     —   — de Koblinzki.
     —   35. Sᵈ lᵗ Krausnick.
     —   36. Lieuᵗ Kallmeyer.
     —   Sᵈ lᵗ de Schack.
     —   — Kutzen.
     —   37. Lieuᵗ de Seydlitz.
     —   — de Kurnatowski.
     —   38. Sᵈ lᵗ Wollenhaupt.
     —   — Strauss.
     —   39. — Bothe.
     —   40. Lieuᵗ Jobst.
     —   Sᵈ lᵗ de Steinacker.
     —   — Hammenstede.
     —   41. Lieuᵗ Sorsche.
     —   42. — de Podewils.
     —   43. — »
     —   44. — »
     —   45. Sᵈ lᵗ Dahrenstaedt.
     —   46. -- Bruska.
     —   47. — von der Grooben.
     —   48. — Dallemer.
     —   — de Briesen.
     —   — Heitz.
     —   49. — »

Infant. rég^t n° 50. — Strahl.
     —   — Rosemann.
     —   — Messerschmidt.
     —   51.   — »
     —   52.   — Gühler.
     —   53.   — de Plattenberg.
     —   54.   — »
     —   55. Lieu^t de Bode.
     —   56. S^d l^t Wehmann.
     —   57.   — Nethe.
     —   58. Lieu^t Antze.
     —   — Haas.
     —   S^d l^t de Wartembeerg.
     —   59. Lieu^t Nobiling.
     —   60.   — Pütter.
     —   S^d l^t de Wulnknitz.
     —   61.   — Surène.
     —   62. Lieu^t Weissner.
     —   63.   — Kœnhborn.
     —   63. S^d l^t de Sylow.
     —   64.   — de Schleicher.
     —   65.   — »
     —   66.   — Digeon de Monteton.
     —   67.   — »
     —   68.   — Wolpmann.
     —   69.   — de Moritz.
     —   70.   — »

Infant. régᵗ nº 71. — Laval.
— 72. — »
— 73. — »
— 74. Lieuᵗ de Arnoldi.
— Sᵈ lᵗ Hungens.
— 75. — Suffert.
— 76. — »
— 77. — Berthold.
— 78. — de Bruchausen.
— 79. — Helde.
— 80. — »
— 81 Lieuᵗ Stünckel.
— 82. — »
— 83. Sᵈ lᵗ Scheffer.
— 84. Lieuᵗ Gussmann.
— 85. Sᵈ lᵗ de Kameke.
— 86. — Hoffmann.
— 87. Lieuᵗ Tecklenburg.
— Sᵈ lᵗ Panse.
— — Bickel.
— 88. Lieuᵗ de Schlereth.
— 89. — »
— 90. — de Derschau.
— 91. — Rasmus.
— Sᵈ lᵗ Kellner.
— 93. — de Rechemberg.
— 94. — des Barres.

Infant. régt no 9'. Lieut Liebmann.
— — Hahn.
— Sd lt de Otterstadt.
— 96. — de Bamberg.
— 96. — de Hopffgarten-Heidler.
— 109. Lieut Zu Rantzau.
— — Baeur.
— Sd lt de Wœnker.
— 110. — Kientz.
— 111. — »
— 112. — Wasmer.
— 113. Lieut Whilelmi.
— Sd lt Rinck de Baldenstein.
— 114. — Wolff.
— — de Seckendorf.
— 114. — de Lenschereng.
— 115. — »
— 116. — Klingelhoffer.
— 117. Lieut Scheele.
— 118. Sd lt Bender.
Chasseurs à pied no 1. Lieut Feldt.
— Sd lt de Rentzell.
— 2. — »
— 3. — »
— 4. — de Branchitsch.
— 5. Lieut Voigt.
— 6. — »

Chasseurs à pied n° 7. Sᵈ lᵗ Neuber.

    —   8. — »

    —   9. — »

    —   10. — de Hagen.

    —   — de Franconi.

    —   11. — »

    —   14. — »

Caval^le cuirass^rs g^de. S^d l^t de Brühl.

  — 1er drag.   — Zu Dohna.

  — hussard^s   — »

  — 1 ulans   Lieu^t de Bulow.

  —   —   S^d l^t de Keller.

  —   —   — von der Borch.

  — 2 —   Lieu^t de Stenn.

  — 2 —   S^d l^t de Lentz.

  — 2 dragon^s   Lieu^t de Fiebig-Angelstein.

  — 3 ulans   — »

  — cuirass^rs n°1. — de Ziegler.

  —   — 2. — Krahmer.

  —   — 2. S^d l^t d'Arnim.

  —   — 3. — du Kopp.

  —   —   — de Katzler.

  —   — 4. — »

  —   — 5. — de Rouppert.

  —   — 6. — de Busse.

  —   —   — de Boddien.

Caval^ie cuirass^rs n° 7. — »
  —   —   8. — »
  —   dragons n°   1. S^d l^t »
  —   —   2. — »
  —   —   3. — de Quast.
  —   —   4. — de Philippsborn.
  —   —   5. — de Bernhardi.
  —   —   6. — Wagener.
  —   —   7. — »
  —   —   8. — de Wedell.
  —   —   — de Richtofen.
  —   —   9. Lieu^t d'Adelebsen.
  —   —   9. S^d l^t de Loïderitz.
  —   —   10. — Kowalski.
  —   —   11. — »
  —   —   12. — de Bothmer.
  —   —   12. — de Diest.
  —   —   13. — »
  —   —   14. — de Rothkirsch - Pan-
                            them.
  —   —   15. — d'Haugwitz.
  —   —   16. — de Bodecker.
  —   —   17. — »
  —   —   18. — de Doringen.
  —   —   19. — »
  —   —   29. — d'Haussmann.
  —   —   21. — Starck.

Cavl^{ie} dragons n° 22. — »
   —   —   23. Lieu^t Willich.
   —   —   24. — »
   — hussar^{ds} n° 1. — de Zwanicki.
   —   —   2. S^d l^t Beclitz.
   —   —   3. — de Zieten.
   —   —   4. — »
   —   —   5. — »
   —   —   6. — »
   —   —   7. Lieu^t de Frencken.
   —   —   8. — »
   —   —   9. — de Bredow.
   —   —   10. — »
   —   —   11. S^d l^t de Pfuel.
   —   —   12. — Conrad.
   —   —   13. — »
   —   —   14. — de Rossecki.
   —   —   15. — de Knebel-Doeberitz.
   —   —   — de Schmettau.
   —   —   16. — Boehen.
   —   —   — de Winterfeld.
   — ulans   n° 1. — »
   —   —   2. — »
   —   —   3. — »
   —   —   4. — »
   —   —   5. Lieu^t d'Ortzen.
   —   —   S^d l^t de Rauch.

Cavalerie ulans n° 6. — de Kühn.
— — 7. Lieu^t Thies.
— — 8. — »
— — 9. — de Dittmar.
— — S^d l^t de Boddien.
— — 10. — de Graaff.
— — 11. — »
— — 12. — »
— — 13. — de Erhardt.
— — 14. — »
— — 15. Lieu^t d'Hagen.
— — 16. — »
Art. de camp^e. g^{de} r^t n° 1. Lieu^t de Reuz.
— 2. — Cretius.
— S^d l^t de Buddenbrocke.
— lig^e r^t n° 1. — »
— 2. Lieu^t Ascher.
— 3. S^d l^t Gronau.
— 4. Lieu^t Krumhauer.
— 5. — »
— 6. — »
— 7. — »
— 8. S^d l^t Hammer.
— 9. — Muller.
— 10. Lieu^t Rüder.
— — Roth.
— 11. S^d l^t Henka.

Art. de camp^e lig^e r^t n° 14. Lieu^t de Sandau.

— 15. S^d l^t Alff.

— 16. — Schubert.

— — de Schemmer.

— 17. Lieu^t Warner.

— 18. — Schüler.

— 19. — Callemberg.

— 20. — »

— 21. — Collignon.

— 22. — »

— 23. — Klein.

— 24. — Dulitz.

— — Schmid

— 25. — »

— 26. — »

— 27. — »

— 30. — »

Artil. à pied. rég^t. g^{de} n° 1. S^d l^t Schwartzkopff.

— lig^e 1. — Orlowski.

— 2. — Ohm.

— 3. — Semmelroth.

— 4. — »

— 5. — »

— 6. — »

— 7. Lieu^t Schmid.

— 8. — »

— 15. — »

Bataillon du train.   n° 15. S^d l^t Bartelt.
Génie   —   Lieu^t Etzdorf.
   —   —   — Beseler.

—

Les noms des officiers des régiments appartenant aux corps Bavarois, Wurtembergeois et Saxon, et faisant partie de l'Académie de guerre, nous font défaut.

Ce que nous pouvons dire seulement, c'est qu'il y a deux officiers de cavalerie saxonne et quatre de la cavalerie wurtembergeoise qui sont détachés à l'Académie.

Pour les corps administrés par la Prusse, le nombre des officiers élèves est de 257. Pour toute l'Allemagne, il est de 300.

Comme sur ce nombre, une dizaine au plus est destinée à alimenter annuellement l'état-major général de l'armée, il est facile de se faire une idée du degré élevé d'instruction scientifique qu'on est en droit de réclamer d'eux. C'est une véritable sélection qui permet l'avancement à l'ancienneté, le seul compatible avec la dignité de l'épaulette et la respectabilité du commandement.

Sur ces 300 élèves, la majorité appartient à l'arme de l'infanterie.

55 sortent de la cavalerie,

2 du génie,

1 du train.

La moitié des officiers élèves de l'Académie de guerre n'est pas titrée.

Une autre remarque à faire, c'est que la répartition des officiers-élèves varie avec chaque régiment. A l'exception de Berlin et de Potsdam, où les éléments d'installation et d'instruction sont considérables, on observe, en effet, que les garnisons par trop agréables, comme Cologne, Hambourg, etc., fournissent peu de candidats, ainsi que les endroits tout à fait écartés et éloignés de tout mouvement intellectuel.

Ce sont également les hussards, les ulans, les chasseurs à pied, c'est-à-dire les armes les plus fêtées, qui ont le moins d'officiers détachés à ladite Académie.

TABLE DES MATIÈRES

—

APPENDICE. — PIÈCES ANNEXES ET JUSTIFICATIVES.

PARIS. — TYPOGRAPHIE F. DEBONS ET COMP., 16, RUE DU CROISSANT.

ESSAI

SUR

L'ART D'OBSERVER

ET DE FAIRE

DES EXPÉRIENCES;

SECONDE ÉDITION,

Considérablement changée et augmentée.

Par JEAN SENEBIER, Membre associé de l'Institut national, de diverses Académies et Sociétés savantes, et Bibliothécaire de Genève.

TOME II.

A GENÈVE,

Chez J. J. PASCHOUD, Libraire.

AN X. (1802.)

ESSAI

SUR

L'ART D'OBSERVER

ET DE FAIRE

DES EXPÉRIENCES.